Die SEELE – ein überweltlicher Energiekomplex

Die Seele durchdringt unser ganzes Leben

Illustrationen:
Susanne Herrmann-Csomor

Gesang der Geister über den Wassern

Des Menschen Seele
Gleicht dem Wasser:
Vom Himmel kommt es,
Zum Himmel steigt es,
Und wieder nieder
Zur Erde muss es,
Ewig wechselnd.

Strömt von der hohen,
Steilen Felswand
Der reine Strahl,
Dann stäubt er lieblich
In Wolkenwellen
Zum glatten Fels,
Und leicht empfangen,
Wallt er verschleiernd;
Leisrauschend
Zur Tiefe nieder.

Ragen Klippen
Dem Sturz entgegen,
Schäumt er unmutig
Stufenweise
Zum Abgrund.

Im flachen Bette
Schleicht er das Wiesental hin,
Und in dem glatten See
Weiden ihr Antlitz
Alle Gestirne.

Wind ist der Welle
Lieblicher Buhler;
Wind mischt vom Grund aus
Schäumende Wogen.

Seele des Menschen,
Wie gleichst du dem Wasser!
Schicksal des Menschen,
Wie gleichst du dem Wind!

Johann Wolfgang von Goethe (1749–1832)

Herstellung und Verlag:
BoD - Books on Demand, Norderstedt
ISBN 978-3-7322-7345-4

Inhalt

1. Einleitung 6

2. Grundlagen 10
2.1. Die Seele = Funktion des Körpers? 10
2.2. Die traditionelle Dreiheit: Körper – Seele – Geist 11
2.3. Zwischenglieder als Vermittler 13
2.4. Lebenskraft (Vitalität) und Triebkraft (Tendenz) 15
2.5. Entdeckung der individuellen Seelen-Energie 16

3. Allgemeine Analogien zwischen Seele und Körper 20
3.1. Drei Grund-Tendenzen bei der Seele ANALOG beim Körper 20
3.2 Drei Hauptqualitäten der Seele ANALOG zu Hauptteilen des Körpers 23
3.3. Vier Lebenskreise der menschlichen Seele ANALOG zum Körper 25

4. Die Seele aller Lebewesen als Tendenzen-Geflecht 30
4.1. Universeller Charakter der Tendenzen 30
4.2. Beständigkeit von Tendenzen ANALOG zur Trägheit von Massen 32

4.3. Hierarchie der Tendenzen ANALOG
zum Aufbau eines Volkes 38

4.4. Individuelles Tendenzen-Geflecht ANALOG
zum Seilgebilde 46

4.5. Die Menschheit ANALOG zum Gewebe 50

5. **Tendenzen-Gruppen des Menschen
ANALOG zu irdischen Energie-Formen** 58

5.1. Person und Persönlichkeit 58

5.2. Seelische Antriebe der Persönlichkeit
ANALOG zu irdischen Energie-Formen 61

5.3. Geistige Antriebe der Persönlichkeit
ANALOG zur Strahlungs-Energie 70

5.4. Vier Tendenzen-Schichten ANALOG
zu weiteren Energie-Formen 83

6. **Verkörperung und Wieder-Verkörperung** 96

6.1. Verkörperung der Seele ANALOG zum Hausbau 96

6.2. Kreislauf der Seele ANALOG zu Jahr und Tag 106

7. **Unsterblichkeit der Seele als
Tendenzen-Geflecht** 116

7.1. Das Gesetz der Massen- und
der Energie-Erhaltung 116

7.2. Erweiterung durch Atomenergie 118

7.3. Unbegrenzte ätherische Energie 121

7.4. Wirkungsfeld der Seele 124

7.5. Das Gesetz der Tendenzen-Änderung 126
7.6. Unsterblichkeit der individuellen Seele 130

8. Meditation als mystischer Ausweg der Seele 136
8.1. Einleitung 136
8.2. Geistige Voraussetzungen der Meditation 138
8.3. Hauptbewusstseins-Zustände 141

9. Zusammenfassung 146
9.1. Die Seele als Energie-Komplex 146
9.2. Die Seele als Tendenzen-Geflecht 147
9.3. Verkörperung der Seele 148
9.4. Wieder-Verkörperung der Seele 149
9.5. Unsterblichkeit der Seele 151

Nachwort 153

Literatur 154

Verlagsverzeichnis 157

Einleitung

Hat man nicht öfter gewisse Ähnlichkeiten zwischen Auge und Kamera, zwischen Ohr und Mikrophon als Beispiele für einen Roboter hervorgehoben, dessen Sensoren analog zu einem Organismus funktionieren? Bei diesem Vergleich dürfen Sie aber nicht übersehen, dass Sensoren rein p a s s i v e Messinstrumente sind, während hinter unseren Sinnesorganen s e e l i s c h e Anliegen verborgen sind, die erst das enge Zusammenwirken zwischen Seele und Körper ermöglichen. Das muss Ihnen der Verfasser näher erläutern:

> Ihr Ohr s e h n t sich nach der Stimme Ihres geliebten Partners;
>
> Ihre Nase b e v o r z u g t gewisse Blumendüfte und verabscheut sicherlich die «Landluft», wenn der Bauer seine Jauche verteilt;
>
> Ihre Zunge s c h m e c k t schon im voraus die angebotenen Speisen und w ä h l t dementsprechend aus.

Zwar wählt n i c h t das körperliche Organ, das bei allen Menschen so gut wie gleich ist, wohl aber die dahinter verborgene s e e l i s c h e E n e r g i e , sei das Trieb und Drang, Sehnsucht und Verlangen, Wunsch und Bedürfnis, Begehren oder, wie es der Verfasser allgemein ausdrückt, eine bestimmte individuelle T e n d e n z , die meistens von ihrem Gegenteil begleitet ist.

Dagegen ist es Kamera, Mikrophon und anderen S e n s o r e n völlig g l e i c h g ü l t i g , was sie registrieren. Sie arbeiten neutral (objektiv), während alle unsere Sinne durch die sie besetzenden seelischen T e n d e n z e n parteiisch (subjektiv) sind. Aus dem reichlichen Angebot registrierter Bilder, Klänge, Düfte, Geschmäcke und Tastungen wird nur das (bewusst) wahrgenommen, was ganz bestimmten Tendenzen e n t s p r i c h t . Dieser tendenziöse Charakter der Wahrnehmung hat übrigens eine unbewusste Verfälschung unseres «Weltbildes» zur Folge.

Natürlich hat jeder Sensor einen konstruktiv bedingten Aufnahmebereich und kann nur einen gewissen Ausschnitt der Wirklichkeit übermitteln. Doch das ist bei der Sinnes f u n k t i o n nicht gemeint: Während der menschliche Frequenz-Bereich des Auges z. B. nur eine Oktave zwischen rot und violett umfasst, hat die Seele entsprechend ihren Tendenzen z u s ä t z l i c h in jedes Sinnesorgan komplizierte «Filter» eingebaut.

Vielleicht hätten Sie gerne einige Worte zur Entstehung dieser Arbeit. In seiner täglichen Meditations-Praxis, die der Verfasser seit 45 Jahren ausübt, erlebte er die Seele als E n e r g i e - K o m p l e x , und ganz ähnlich wird es jede(r) Meditierende auf dem Wege zur Befreiung erfahren. Um diese s e e l i s c h e n Energien von seinen als Physiker bekannten i r d i s c h e n Energien zu unterscheiden, hat der Verfasser sie ü b e r w e l t l i c h e Energien genannt. Sie sind natürlich viel feiner als alle physikalischen Energien und müssen deshalb dem Blick des heutigen Weltmenschen verborgen bleiben.

Das ist umso erstaunlicher, wenn Sie sich vergegenwärtigen, dass während vieler Jahrtausende menschlicher Kultur die heutigen ängstlichen Fragen «wohin gehen wir, woher kommen wir?» (1) gar nicht auftauchen konnten. Die Menschen waren ja noch e i n g e b u n d e n in die parapsychologischen Beziehungen der Seele zwischen Diesseits und Jenseits; sie erlebten noch die Gegenwart der entkörperten Seelen und sahen die Seelen auf ihrer Rückkehr in den Mutterschoss.

Als ausserkirchliche Gegenbewegung zum heutigen Materialismus gewinnt die S t e r b e f o r s c h u n g immer mehr Anhänger, woran die mutige und viel geehrte *E. Kübler-Ross* (2) einen bedeutenden Anteil hat. Sie zeigt dem zweifelnden Zeitgenossen, dass seine Seele nach dem Abstreifen ihres irdischen Gefängnisses die ganze Persönlichkeit mit ins «Nachbarland» hinübernimmt.

Die erwähnte Meditation öffnete dem Verfasser Bewusstseins-Bereiche j e n s e i t s aller Denkprozesse, wobei ihm viele G l e i c h n i s s e zum Alltagsleben zu Teil wurden. Aus diesem Hobby entstand 1972 sein 1. Band ANALOGIK. A n a l o g i e n sind nichts anderes als E n t s p r e c h u n g e n und Gleichnisse, auf welche die Weisen und Religionsgründer angewiesen sind, wenn sie dem Erdenmenschen über himmlische Energien, Gesetze und höhere Wesenheiten berichten wollen. Besonders reich an Gleichnissen ist die Bildersprache der Dichter.

Das folgende 2. Kapitel macht Sie mit den G r u n d l a g e n der Analogik vertraut. Der Abschnitt 2.1. liefert Ihnen Argumente gegen das materialistische Weltbild. An Hand Ihrer Wesensstruktur Körper-Seele-Geist lernen Sie die Analogie-Methode kennen (2.2.). Diese traditionelle Dreiheit wird durch Zwischenglieder zwischen Körper und Seele ergänzt (2.3), und die Unterschiede zwischen Lebenskraft (Vitalität) und Triebkraft (Tendenz) entdecken Sie durch Analogien zu Ihrer Fahrpraxis (2.4.).

Für einen schnellen Überblick empfiehlt sich die 7-seitige Z u s a m m e n f a s s u n g am Schluss des Textes.

2. Grundlagen
2.1. Die Seele = Funktion des Körpers?

Die Maschinentheorie der Lebewesen fand ihren krassesten Ausdruck im «L'homme machine» = der Mensch als Maschine (1748 von *Lamettrie*). Dieses m a t e r i a l i s t i s c h e Modell fand später weitere Stützen durch die Biochemie und den Siegeszug der Elektronenrechner, volkstümlich auch Elektronengehirn genannt. Die U n h a l t b a r k e i t dieser Theorie wurde nach dem 2. Weltkrieg durch namhafte Naturwissenschaftler nachgewiesen. Hier mögen einige Hinweise genügen.

Da alle gesunden Körper denselben biochemischen Gesetzen gehorchen, müssten sie auf Drogen wie z.b. A l k o h o l zumindest sehr ähnlich reagieren. Unter Berücksichtigung der Alkoholgewöhnung bleibt dennoch ein breites Spektrum i n d i v i d u e l l e n Verhaltens:

> Eine Person wird alsbald schläfrig, während eine andere ins Philosophieren gerät, manche Personen werden liebebedürftig und andere aggressiv.

Wie verträgt sich dieses vielfältige Verhalten mit der Behauptung eines Professors, «die Seele sei eine Funktion des Gehirns», die er seinen Medizinstudenten immer noch weismachen will?

Was vermögen uns T r a u m erfahrungen über das Verhältnis zwischen Seele und Körper zu lehren? Im Traum können wir jede Art von Tätigkeit bis zum Fliegen (Schweben ohne Flugzeug) erleben, während unser Körper bewegungslos im Bett liegt. Abgesehen von körperlich bedingten Träumen – durch Geräusche, Kälte oder Hitze, Verdauungsstörungen usw. – gibt es andere Träume, welche die Unabhängigkeit zwischen Körper und Seele beweisen: e r o t i s c h e Träume können einerseits gänzlich ohne körperliche Begleiterscheinungen verlaufen und andererseits mag eine Peniserektion infolge körperlicher Einflüsse ohne Traumbilder bleiben.

Gehören Sie auch zu den Personen, die behaupten, nie geträumt zu haben? Sie träumen zwar wie andere Menschen, können sich aber nach dem Aufwachen nicht mehr daran e r i n n e r n. Diese Fähigkeit ist bei den meisten Personen mangelhaft, lässt sich aber durch Übung verbessern. Bedeutungsvolle Träume pflegen jahrelang im Gedächtnis zu haften. Sogar fast alle Tiere träumen, und Menschen, die man durch Schlafunterbrechung am Träumen hindert, werden krank.

Das weit verbreitete T a g träumen ähnelt insofern dem nächtlichen Träumen, als die Sinnes f u n k t i o n e n – nicht aber die Sinnes o r g a n e – vorübergehend ausgeschaltet sind und das Bewusstsein von Erinnerungen, Wünschen und Phantasien erfüllt wird. Unsere Träume beweisen also eine gewisse T r e n n u n g zwischen Körper und Seele.

2.2. Die traditionelle Dreiheit: Körper – Seele – Geist

Diese drei Faktoren sind uns zwar gefühlsmässig vertraut, doch dürfte es schwer fallen, sie mit ihren gegenseitigen Beziehungen in Worte zu fassen. Hier helfen uns Analogien weiter, die sich vorzüglich für die Behandlung von Qualitäten wie Seele und Geist eignen. Der traditionellen Dreiheit des Menschen stellen wir in der folgenden A n a l o g i e - T a b e l l e zwei entsprechende Qualitäten, Strukturen oder Dinge mit ebenso vielen U n t e r g r u p p e n gegenüber. Bei passender Verteilung dieser Untergruppen auf die drei Zeilen bestehen nach dem «zweiten Analogie-Gesetz der entsprechenden Teile» (3) auch enge Beziehungen innerhalb einer Zeile. Solche Analogietabellen waren im Mittelalter weit verbreitet, als man sich noch mehr für Qualitäten als Quantitäten interessierte. Die drei Begriffe Analogie, Entsprechung und Gleichnis bedeuten dasselbe.

Person		Wissenschaft	Kausalität
Geist		Information	Ursache
Seele	analog	Energie	Bedingungen
Körper		Materie, Masse	Wirkung [1]

In dieser mit [1] bezifferten Analogie-Formel schränken wir den Menschen auf die ich-bewusste P e r s o n ein, womit Kleinkinder ausgeschlossen sind, solange sie noch in der dritten Person von sich sprechen. Man beachte die eckigen Klammern [ ] für Analogie-Formeln gegenüber den für Literatur-Hinweise benutzten runden Klammern ( ).

In der zweiten Spalte stehen die Säulen der Naturwissenschaft: Information, Energie und Materie (Masse). Von diesen Untergruppen steht die E n e r g i e in der mittleren Zeile mit der Seele in enger Beziehung:

Seele ANALOG Energie [2]

was Gegenstand dieses Buches ist: «Die Seele – ein überweltlicher Energiekomplex». Analogien zu seelischen Antrieben der Persönlichkeit ist das Kapitel 5.2. gewidmet, während die ebenso wichtigen geistigen Antriebe in 5.3. behandelt werden.

Warum stehen in [1] unter K a u s a l i t ä t drei Glieder anstelle der üblichen zwei, Ursache und Wirkung? Die Unentbehrlichkeit der B e d i n g u n g e n als drittes Glied der

Kausalität sehen wir am Beispiel der e l e k t r i s c h e n Energie sofort ein: je nach dem elektrischen Gerät, das Sie an die Steckdose anschliessen, erhalten Sie als Wirkung Licht, Wärme, Kraft, Ton und Bild. Die Geräte bilden also die verschiedenen Bedingungen für die U m w a n d l u n g stets derselben elektrischen Energie. Insofern üben die Untergruppen der mittleren Zeile – Seele, Energie, Bedingungen – eine v e r m i t t e l n d e Funktion zwischen den Gliedern der oberen und unteren Zeile aus.

2.3. Zwischenglieder als Vermittler

Es ist eine alte Streitfrage, ob die S e e l e irgendwie s t o f f l i c h geartet sei oder nicht. Wenn man ihr eine feinstoffliche Existenz zuschrieb, identifizierte man die Seele mit einem ihrer höheren und feineren Leiber, die beim irdischen Tod frei werden. Diese Einstellung finden wir bei den alten Ägyptern und in vielen anderen Kulturen. Wenn man dagegen die Seele als höchstes Prinzip betrachtet, bleibt sie ganz und gar unabhängig, selbst von der allerfeinsten Leiblichkeit. Diese Anschauung ist bei den altindischen Philosophen verbreitet, wobei wir dieses höchste Prinzip (atma) genauso gut mit «Geist» wie mit «Seele» übersetzen können.

Ähnliche Anschauungen tauchten später bei den christlichen Denkern auf, wobei jedoch der D u a l i s m u s zwischen «ewiger Seele» und «sündigem Körper» zu sehr betont wurde, was extreme Entwicklungen in Kirche und Wissenschaft begünstigt hat. In dieser Beziehung hatten es die indischen Denker besser, da weder ihre monistischen noch dualistischen Schulen in dem Grade wie abendländische Schulen der Versuchung erlagen, e n t w e d e r Seele-Geist als höchstes Prinzip o d e r den irdischen Körper als letzte Wirklichkeit (im Materialismus) zu behaupten. Dieser Unterschied zwischen Morgen- und Abendland hängt damit zusammen, dass man sich im Osten deutlicher als im Westen der feinstofflichen Z w i s c h e n g l i e d e r bewusst blieb. Wo aber die Erfahrungen einer seelisch-geistigen Wirkichkeit dahin schwinden, dort breiten sich ungehemmt Spekulation und Dogmatik aus.

Wir können dieses Dickicht der Spekulation getrost beiseite lassen, da wir heute über einen e r f a h r u n g s wissenschaftlichen E n e r g i e -Begriff verfügen, der unsere ganze Zivilisation zunehmend beherrscht. Wir brauchen für unser Thema

Die Seele als überweltlicher Energie-Komplex

den grobstofflichen Energie-Begriff nur auf seelisch-geistige Bereiche zu ü b e r t r a g e n , wie es der Verfasser durch seine Definition

Tendenzen = seelisch-geistige E n e r g i e n ,
die Art und Stärke aller
Lebensvorgänge bestimmen [3]

getan hat.

Wir müssen über die bisherige Dreiteilung des Menschen hinausgehen, indem wir ausser dem g r o b stofflichen irdischen Körper noch den f e i n stofflichen ätherischen Leib berücksichtigen. Er ist unter verschiedenen Namen bekannt geworden: Od-Körper, Fluidalleib, Energie-Körper u.a. (was Sie aber nicht mit dem noch zu besprechenden Astralleib verwechseln dürfen). Die ätherische Ausstrahlung, vor allem aus den Fingerspitzen, lässt sich heute dank Kirlian-Photographie s i c h t b a r machen, während man früher auf die Aussagen hellsichtiger Personen angewiesen war.

Wenn Ihre Fingerspitzen genügend empfindlich sind, können Sie die G e s u n d h e i t s a u r a des Ätherleibes ü b e r der Haut «abtasten». Hierauf beruht der Heilmagnetismus (4), wobei ein Patient gleichsam mit «magnetischen Strichen» ü b e r der Haut massiert und mit der persönlichen Kraft des Heilers aufgeladen wird. Ein wieder in Harmonie versetzter und gekräftigter Ätherleib wird seine Gesundheit alsbald auf den von ihm gesteuerten irdischen Körper übertragen.

2.4. Lebenskraft (Vitalität) und Triebkraft (Tendenz)

Da Ätherleib und Astralleib oft verwechselt werden, sollen ihre verschiedenen Funktionen erläutert werden. Der Ä t h e r l e i b ist Träger der Lebenskraft, der feinere A s t r a l l e i b aber Träger unserer Triebkraft, zu der all unsere Begierden, Verlangen, Sehnsüchte und Wünsche gehören, die der Verfasser als Tendenzen zusammenfasst.

Eine starke L e b e n s k r a f t = Vitalität – als karmische Folge wohlwollender und gewährender Gesinnung – kommt in der Gesundheitsaura zum Ausdruck, die L e b e n s f r e u d e ausstrahlt. Umgekehrt wirken Personen mit schwacher Lebenskraft (insbesondere Kranke und Alte) ermüdend, weil sie unbewusst Energie von anderen Personen abzapfen. Machen wir uns das Verhältnis von Lebenskraft und Triebkraft durch eine Analogie deutlicher:

| Triebkraft (Tendenz) | ANALOG | Fahrer (Zielstrebigkeit) |
| Lebenskraft (Vitalität) | | Wagen (Motorstärke) |

[4]

Ein l e i d e n s c h a f t l i c h e r Mensch wird von starken Trieben bewegt (klassisches Beispiel *Goethe*, dessen extrem geneigte Handschrift sein starkes Geneigtsein ausdrückt). Wenn ein solcher Mensch gleichzeitig über eine starke Lebenskraft verfügt, kann er sich ausdauernd seinen Leidenschaften hingeben, analog zu einem schneidigen F a h r e r in einem starken W a g e n . Steht jedoch einer leidenschaftlichen oder sonstwie sehr aktiven Person nur eine schwache Lebenskraft zur Verfügung, so wird die Diskrepanz alsbald als Erschöpfung oder Krankheit offenbar werden, analog zu einem ehrgeizigen Fahrer, der seinen schwachen Wagen dauernd überfordert.

In diesem Falle treten die seelischen Disharmonien, die auch beim klassischen *Goethe* nicht fehlten, deutlicher in Erscheinung. Dagegen können Sie als harmonische Persönlichkeit, die nur mit schwacher Lebenskraft begabt ist, dennoch ein gesundes und erfolgreiches Leben führen.

2.5. Entdeckung der individuellen Seelen-Energie

Unsere abendländische Zivilisation, die im 20. Jahrhundert den ganzen Erdball überzogen hat, ist das Ergebnis äusserster Extraversion = N a c h - a u s s e n - W e n d u n g. Im selben Grade, wie diese Haltung in der Technik sowohl himmlische als auch höllische Früchte trug, musste die Fähigkeit zur Auseinandersetzung mit der seelisch-geistigen I n n e n w e l t abnehmen. Sie ist bei der Mehrzahl der Menschen praktisch verschwunden, weshalb die Behauptung der Materialisten «Seele = Funktion des Körpers» eine gewisse Berechtigung hat, insofern das b e w u s s t e Seelenleben unserer Zeitgenossen erheblich eingeschränkt ist.

Gleichzeitig hat sich die Denktätigkeit (Intellekt) auf die Verarbeitung der Sinneseindrücke verengt, wobei die I d e n t i f i k a t i o n mit diesem denkenden Ich hervortritt. Die inneren Antriebe werden b e w u s s t als begehrte Dinge und vielfältige äussere Beziehungen zu anderen Personen. Deren Seelenleben kann aber nur i n d i r e k t erschlossen werden. Schon in der Bibel heisst es, dass wir den Splitter im Auge des Nächsten leichter entdecken als den Balken im eigenen Auge, womit der Mangel an Selbstkritik beklagt wird.

Ist Selbst k r i t i k ein Beweis für Selbst e r k e n n t n i s im strengeren Sinne? Nur, wenn Sie einen ausgesprochenen Drang zur tieferen Selbsterkenntnis besitzen, sonst pflegt die Selbstkritik – ähnlich einem Interessenkonflikt – an der Oberfläche des Tagesbewusstseins zu bleiben. Dennoch kann bei Personen in Ausnahmesituationen der Ich-Panzer zerreissen, wobei tiefere Wesensschichten freigelegt werden. Solche Ausnahmesituationen mögen a u s g e l ö s t werden durch Verluste gewohnter Ordnungen (Hab und Gut, Arbeit, geliebte Menschen, Gesundheit, Heimat ...).

Wenn Sie von ähnlichen Schicksalsschlägen verschont geblieben sind, mögen Sie die Seelen-Energie bei fremden C h a r a k t e r e n e x t r e m e r Ausprägung studieren: Erfolgsmenschen mit ihrem Ehrgeiz, Entdecker mit ihrer Abenteuerlust, Erfinder und Ingenieure mit ihrer Zähigkeit, Revolutionäre mit ihrem Fanatismus, Sozialreformer mit ihrer praktischen Nächstenliebe, Heilige mit ihrer Weltüberwindung ... Der aufmerksame Beobachter findet leicht die t r e i b e n d e n Kräfte solcher hervorragenden Persönlichkeiten aus Gegenwart und Vergangenheit, mögen sie grosse Wohltäter oder grosse Übeltäter sein oder gewesen sein.

Nachdem Sie Ihren inneren Blick an einigen Sonderfällen geschärft haben, sind Sie jetzt in der Lage, sich der «Anatomie» der menschlichen Seele zuzuwenden. Wir beginnen im 3. Kapitel gleichsam mit dem Skelett unserer Seele. Dabei wird die enge Analogie zwischen Seele und Körper entsprechend der, langsam in die Medizin eindringenden P s y c h o - S o m a t i k (30) vom griechischen Soma = Körper, immer deutlicher. Wie könnten Sie mit anderen Personen verkehren, wenn Ihre Seele nicht im Körper mehr oder weniger zum Ausdruck käme?

3. Allgemeine Analogien zwischen Seele und Körper

3.1. Drei Grund-Tendenzen bei der Seele ANALOG beim Körper

Vielleicht ist der M e n s c h tatsächlich die «Krone der Schöpfung», obwohl ihm wegen seines a u f r e c h t e n Ganges biologische Schwächen anhaften. Auch wenn wir nicht «vom Affen abstammen», weist unser Körperbau eine Fülle von Ähnlichkeiten mit der t i e r i s c h e n Organisation auf.

Der *Buddha* sah darin vor 2500 Jahren nur G r a d unterschiede, weshalb im Laufe der Inkarnationen Übergänge zwischen beiden Reichen stattfinden. Der *Buddha* untermauerte diese wiederholten Aussagen durch mancherlei Beispiele und wies andererseits auf Übergänge zwischen Menschen und Göttern hin. Die W e g e nach oben und unten stehen dem Menschen o f f e n , wenn er seine Seele, d.h. seinen Tendenzen-Haushalt entsprechend wandelt. Dass der Abendländer diesen indischen Aussagen, die auf hellsichtigen Erfahrungen beruhen, mit Misstrauen begegnet oder sie glatt ablehnt, ist auf Grund seiner Fixierung auf das Tages-Bewusstsein in Raum und Zeit gut zu verstehen. Doch müssen wir unsere denkenden Zeitgenossen höflich auffordern, das ihnen geläufige und in der Aussenwelt bewährte K a u s a l gesetz im Sinne des K a r m a gesetzes zu verallgemeinern und auf die seelisch-geistigen Bereiche a u s z u d e h n e n . Dann wird auch der skeptische Abendländer die indischen Aussagen ana-logisch bestätigen können.

Das zentrale Anliegen jeder Seele bezeichnet der *Buddha* sehr allgemein als D a s e i n s d u r s t . Dieses Verlangen, in einer der vielen Daseinsebenen zu e x i s t i e r e n , kann nur befriedigt werden, wenn sich die Seele in der irdischen oder einer feinstofflichen Welt v e r k ö r p e r t = inkarniert. Die Art dieser Verkörperung hängt natürlich von den Qualitäten der Seele und ihren karmischen Verdiensten und Verschuldungen ab. Wir unterscheiden in der Analogie [5] drei Aspekte des Daseinsdurstes, denen drei Aspekte der körperlichen Eigengesetzlichkeit gegenüber stehen:

Daseinsdurst der Seele	analog	Eigengesetzlichkeit des Körpers	
Entfaltung		Wachstum	
Selbstbehauptung		Selbsterhaltung	
Kompensation		Regeneration	[5]

Die E n t f a l t u n g seelischer Funktionen entspricht dem W a c h s t u m des Körpers und geht diesem in der Jugend parallel. Doch sollte sich der Reifeprozess als seelisches Wachstum bis ins hohe Alter fortsetzen. Besonders eindrucksvoll ist die Wachstumskraft von Pflanzen, die sprengende Wirkung von Baumwurzeln. Dieselbe Tendenz zeigt sich beim Menschen während seiner «pflanzenhaften Periode». Es kommt vor, dass ein werdendes Kind der schwangeren Frau sogar lebenswichtige Stoffe für seinen eigenen Aufbau entzieht, wenn die Frau sich ungenügend oder einseitig ernährt. Dieser Prozess kann sich in der Stillperiode fortsetzen.

Nach der Geburt tritt die Atmung des Säuglings in Tätigkeit, womit das Eigenleben des Säuglings beginnt. Atmung und Herzschlag gehören zu den auffälligsten Tätigkeiten, welche die S e l b s t e r h a l t u n g des Körpers erfordert. Die Atmung liegt an der Grenze zwischen willkürlichen und unwillkürlichen Funktionen. Selbst der *Buddha* musste vor seiner Erwachung erfahren, dass die Atmung trotz grösster Willensanspannung nur für kurze Zeit unterdrückt werden kann, um dann desto ungestümer den Drang zur Lebenserhaltung zu beweisen. Diese Methode zur Anhaltung des Atems eignet sich also nicht zum Selbstmord.

Der Selbsterhaltung des Körpers entspricht die S e l b s t b e h a u p t u n g der Seele, was sich in der Tierwelt als Verteidigung des gewohnten Lebensraumes äussert. Dieser Trieb ist bei vielen Tieren ebenso stark wie beim Menschen, wo man vom Recht auf Wohnung und Heimat spricht. Auf Grund dieses Triebes vermag auch ein kleines Tier sein Revier gegenüber grösseren Tieren erfolgreich zu verteidigen, während es diesen Rivalen in der freien Wildbahn ausweichen muss. Ganz ähnlich haben sich kleine Völker in ihrer Heimat gegen eine vielfache Übermacht fremder Armeen verteidigt und den Angreifer schliesslich zum Abzug gezwungen. Diese psychologische Lektion scheinen die materialgläubigen Strategen aber noch nicht gelernt zu haben.

Wir kommen zur unteren Zeile von [5]. Bei Schädigung oder Verlust einzelner Körperteile besteht die Kraft zur Wiederherstellung des gesunden Zustandes, was man als R e g e n e r a t i o n bezeichnet. Äussere und innere Wunden heilen von selbst, geschädigte Organe werden wiederhergestellt. Dagegen ist der Ersatz von Gliedern und Organen auf die niedrige Tierwelt beschränkt und am ausgeprägtesten in der Pflanzenwelt. Auf der anderen Seite ist die Regenerationsfähigkeit des menschlichen Körpers gering, und nur ausnahmsweise gelingt es, den von einer Maschine abgeschnittenen Arm wieder anzusetzen, sodass er später wieder voll gebrauchsfähig wird.

Der Regeneration des Körpers entspricht gemäss [5] die K o m p e n s a t i o n der Seele, die von der Anpassungsfähigkeit des Körpers zu unterscheiden ist. Zum Beispiel weiss man von Eunuchen, dass ihre Unfähigkeit zur Geschlechtsliebe durch Naschhaftigkeit kompensiert wird.

Eine ähnliche Verschiebung im Tendenzen-Gefüge findet man bei Kindern, denen es an Elternliebe mangelt. Ein Mann vermag Enttäuschungen ziemlich leicht durch «Arbeitswut» auszugleichen. In allen solchen Fällen findet die Kompensation auf s e e l i s c h e r Ebene statt, da auf Seiten des Körpers *zu* verschiedene Funktionen ausgetauscht werden.

3.2. Drei Hauptqualitäten der Seele ANALOG zu Hauptteilen des Körpers

Bisher haben wir über die Körpergestalt noch gar nichts vorausgesetzt. Dieser Abschnitt ist der gröbsten G l i e d e r u n g bei Tier und Mensch gewidmet, die als Analogie-Tabelle vorangestellt sei:

Qualität der Seele		Hauptteile des Körpers
Unruhe (Wahrnehmungs-Tendenz)	a n a l o g	Kopf
Aktion und Reaktion		Glieder
Trägheit (Gewohnheit)		Rumpf [6]

Beginnen wir mit der untersten Zeile. Der R u m p f umfasst die Hauptmasse des Körpers, auch wenn er von den Gliedern an Länge übertroffen wird. Fische scheinen fast ausschliesslich aus dem Rumpf zu bestehen, da kaum eine Halseinschnürung zu sehen ist. Fische zeigen uns auch am deutlichsten das Prinzip der T r ä g h e i t, da sie lange Zeit an einem Ort reglos verweilen können. Das kostet sie keinerlei Anstrengung, da sie gänzlich vom Wasser getragen werden und sich im statischen Gleichgewicht mit ihrem Lebenselement befinden.

Dem physikalischen Prinzip der M a s s e n trägheit entsprechen auf s e e l i s c h e r Ebene Gewohnheit, Lässigkeit und Bequemlichkeit (phlegmatisches Temperament). Damit ist nicht nur Ruhe gemeint, sondern auch jede Art g e w o h n - t e r Tätigkeit mit eingeschlossen. Einer Änderung des gewohnten Rhythmus werden jedoch heftige Widerstände entgegengesetzt. Der Mensch leitet aus einer lange vorherrschenden Sitte (Tradition) sogar ein Gewohnheitsrecht ab, und sei dieses auch äusserst barbarisch.

Wenn wir von einfachsten Tieren absehen, finden wir aus dem Rumpf hervorgehend eine Reihe von G l i e d e r n . Sie können als Flossen, Flügel, Beine oder menschliche Arme ausgebildet sein. Die Glieder dienen einerseits zur Fortbewegung und andererseits als Werkzeug, welche Aufgabe bei den Vögeln ihr Schnabel übernimmt. Die s e e l i s c h e A k t i v i - t ä t pflegt sich der Beweglichkeit, der Reichweite und des Tastsinnes der Glieder zu bedienen.

Während sich die Wesen mit Hilfe ihrer Glieder aktiv mit der Umwelt auseinandersetzen, geschieht das durch die im K o p f konzentrierten Sinnesorgane mehr auf passive Weise. Die in [6] genannte U n r u h e als seelische Qualität = Tendenz bedeutet nicht nur, dass Sinneseindrücke Unruhe hervorbringen, sondern auch das V e r l a n g e n nach W a h r - n e h m u n g , das sich bei manchen Tieren bis zur sichtbaren Neugierde steigert. Dieser Trieb scheint bei uns so stark zu sein, dass der gänzliche Entzug von Umweltreizen alsbald zu seelischen Störungen führt, wie Erfahrungen mit hospitalisierten Kindern und Versuchspersonen unter extremen Bedingungen wie Abgeschlossenheit, Stille und Dunkelheit zeigen.

Das ANALOG zum Computer arbeitende Gehirn ist eng mit dem Tages-Bewusstsein gekoppelt. Inmitten der fünf äusseren

Sinne müssen wir den Denksinn als inneren sechsten Sinn auffassen. Die menschliche D e n k t ä t i g k e i t ist sogar ein ausgesprochener U n r u h e herd. Wie weit das auch bei Tieren zutrifft, bleibt eine offene Frage. Fest steht bis heute, dass man unter höheren Tieren, wie beim Elefanten, ein vorzügliches Erinnerungsvermögen findet. Erinnerung lässt sich aber kaum vom Denken trennen, mag dieses bei Tieren auch noch so sehr vom Intellekt des homo sapiens abweichen.

3.3. Vier Lebenskreise der menschlichen Seele ANALOG zum Körper

Während die Analogien [5] und [6] für Tier und Mensch gemeinsam gelten, stellt Tabelle 1 nach G.R. *Heyer* (5) die S c h ö p f u n g s hierarchie in den Vordergrund. Alles irdische Leben beruht auf dem P f l a n z e n reich, das zuerst alle vier Elemente (Erde, Wasser, Luft, Feuer = Strahlung) in seinen Dienst stellte und die Erdoberfläche verwandelte. Die T i e r e verdanken ihre Macht über die Pflanzen ihrer E i g e n b e w e g l i c h k e i t, die auch im unermüdlich pumpenden Herzen zum Ausdruck kommt. Alle Tiere sind direkt oder indirekt von der Pflanzenwelt abhängig, deren Stoffwechsel, Wachstum und Fortpflanzung im Tier- und Menschenreich weiterwirken.

Das Herz dient als Motor der Körpermaschine, da es den B l u t k r e i s l a u f durch den ganzen Körper von der Geburt bis zum Tod in Gang hält. Das Blut bildet hauptsächlich ein Beförderungsmittel für Nahrungs- und Abfallstoffe, was den vereinigten Aufgaben unserer Frischwasserleitungen und Abwasserkanalisation entspricht. Ferner erfüllt das Blut Aufgaben unserer Postzustellung, ANALOG zur Hormonausscheidung. Der Blutkreislauf ist eng mit der A t m u n g verbunden, was mit der Lage des Herzens im Brustkorb übereinstimmt. Brust- und Bauchraum sind durch das Zwerchfell deutlich voneinander getrennt.

Körperregion	Körperfunktion	Schöpfungsbereich	Kennzeichen
Kopf	Sinnestätigkeit	Bereich der Götter	(reines) Bewusstsein
Brust	Atmung	Menschenreich	Denktätigkeit
Herz	Blutkreislauf	Tierreich	Eigenbewegung
Bauch	Verdauung	Pflanzenreich	Wachstum

Tab 1: 4 Lebenskreise der körperlichen Organisation nach G.R. Heyer mit weiteren Angaben.

Die Trennung durch das Z w e r c h f e l l hat symbolischen Charakter, indem sie die beiden unteren Schöpfungsbereiche, Pflanze und Tier, von den beiden oberen trennt. Die Zuordnung zwischen Atmung (Luftelement) und D e n k v e r m ö g e n entspricht dem mittelalterlichen Verständnis der vier Grundelemente. Wenn den Menschen vor allem sein ausgebildetes Denkvermögen auszeichnet, bleibt die Frage offen, was die im Kopf konzentrierten Sinnesorgane gemäss Tabelle 1 mit dem höchsten Schöpfungsbereich der Götter zu tun haben? Diese Frage stellt sich umso mehr, als das niedere Denken (Intellekt) des heutigen Menschen fast ausschliesslich um die Sinneseindrücke kreist und deshalb nach indischer Auffassung die Aufgabe eines sechsten Sinnes inmitten der fünf übrigen erfüllt.

Einen ersten Hinweis erhalten wir durch die H ö h e n staffelung der S i n n e s organe im Kopf: Während die Zunge nur auf unmittelbare Berührung antwortet, empfangen Nase und Ohren Botschaften aus grösserer Entfernung. Die Augen dringen sogar in unermessliche Himmelsräume vor, während sie auf der Erde durch fast alle Körper stark eingeschränkt sind.

Fast vergessen ist die Telepathie, die der Mensch mit Tier und Pflanze gemeinsam besitzt. Die T e l e p a t h i e wirkt nicht nur passiv wie die anderen Sinne, sondern bei der Übermittlung von Gedanken, Gefühlen und bildhaften Inhalten auch aktiv. Da die Telepathie nicht mehr auf einzelne Sinnesbereiche beschränkt ist, wie sie auch noch für Hellsehen usw. gilt, können wir sie als u n i v e r s e l l e n Sinn bezeichnen. Ferner geht die Telepathie über die physikalischen Gesetze elektromagnetischer Strahlung (Licht) hinaus. Diese Eigenschaften rücken die Telepathie in die Nähe reinen Bewusstseins, das in Tabelle 1 dem Reich der Götter zugeordnet ist. Wie die Telepathie in der Praxis über eine grosse Entfernung funktioniert, beschreiben in (6) zwei amerikanische Forscher.

Ist die Telepathie wirklich so etwas Aussergewöhnliches, dass man sie wissenschaftlich beweisen müsste? Auf Grund vieler Alltagserfahrungen ist der Verfasser überzeugt, dass grundsätzlich j e d e s Lebewesen über telepathische Fähigkeiten verfügt. Nur müssen Sie auf entsprechende Erfahrungen gut achten: Ist Ihnen beim Läuten des Fernsprechers nicht sofort jene Person in den Sinn gekommen, von der Sie lange nichts gehört hatten? Häufiger wird es geschehen, dass Ihr Partner unerwartet einen Gedanken ausspricht, mit dem Sie sich beschäftigen.

Aber auch T i e r e und P f l a n z e n sind in diesem geheimnisvollen Zusammenhang miteingeflochten. Vor diesem Hintergrund werden Sie sich über «Tendenzen als Schöpfungs-Prinzipien» gemäss Tab. 2 nicht mehr wundern. Denn T e n d e n z e n im Sinne des Verfassers sind die unsichtbaren, aber höchst wirksamen Antriebe aller Geschöpfe.

4. Die Seele aller Lebewesen als Tendenzen-Geflecht

4.1. Universeller Charakter der Tendenzen

Wir können die Seele als E n e r g i e - K o m p l e x mit ihren wesentlichen Gesetzen besser verstehen, wenn wir die seelischen Antriebskräfte so weit wie möglich v e r a l l g e m e i n e r n . Nebenbei werden wir gewisse Gemeinsamkeiten mit den unteren Schöpfungsreichen entdecken. Die folgende *Tabelle 2* ist so angeordnet, dass die wenigen grundlegenden Tendenzen des Mineralreichs unten stehen und sich darüber in wachsender Reichhaltigkeit das Pflanzen-, Tier- und Menschenreich erheben. Die mineralischen Tendenzen wirken bis ins Menschenreich hinein, wo sie als «Macht der Gewohnheit» noch eine genauere Betrachtung verdienen.

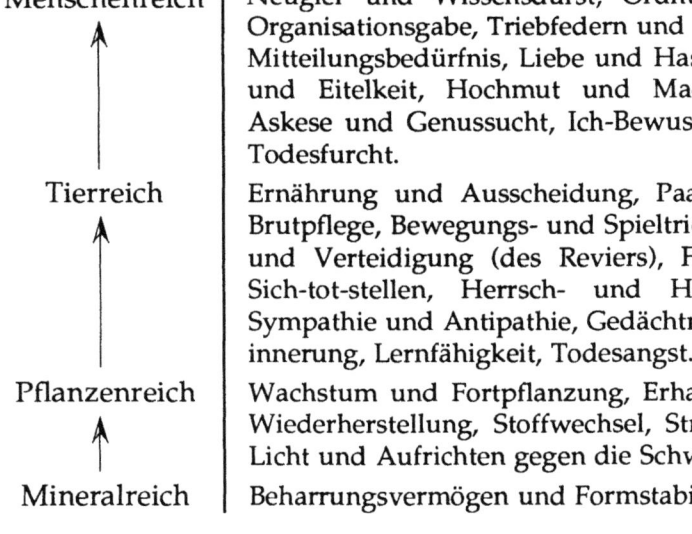

Menschenreich	Neugier und Wissensdurst, Ordnungs- und Organisationsgabe, Triebfedern und Interessen, Mitteilungsbedürfnis, Liebe und Hass, Ehrgeiz und Eitelkeit, Hochmut und Machtstreben, Askese und Genussucht, Ich-Bewusstsein und Todesfurcht.
Tierreich	Ernährung und Ausscheidung, Paarung und Brutpflege, Bewegungs- und Spieltrieb, Angriff und Verteidigung (des Reviers), Flucht und Sich-tot-stellen, Herrsch- und Herdentrieb, Sympathie und Antipathie, Gedächtnis und Erinnerung, Lernfähigkeit, Todesangst.
Pflanzenreich	Wachstum und Fortpflanzung, Erhaltung und Wiederherstellung, Stoffwechsel, Streben zum Licht und Aufrichten gegen die Schwerkraft.
Mineralreich	Beharrungsvermögen und Formstabilität.

Tabelle 2: Tendenzen als Schöpfungs-Prinzipien

Alle p f l a n z l i c h e n Tendenzen wirken auch bei Tieren und Menschen, wie etwa die Verdauungsvorgänge (vegetativ = pflanzlich). Alle t i e r i s c h e n Tendenzen finden sich im Menschen, worauf die vielen Tiernamen von Personen hinweisen. Hier eine kleine Auswahl: Fuchs und Hase, Hund und Katz, Ross und Bär, Rabe, Vogel, Fisch. Charakterlich finden wir viele m e n s c h l i c h e Eigenschaften, die man sonst nur bestimmten Tieren zuordnet. Andererseits gibt es typisch menschliche Eigenschaften wie sein I c h - B e - w u s s t s e i n , das man bei Tieren vergeblich sucht. Damit hängt der Unterschied zwischen seiner Todes f u r c h t und tierischer Todes a n g s t zusammen. Auch Liebe und Hass sind egozentrisch, während Sympathie und Antipathie überall in der Schöpfung wirken, aber bei Tieren deutlicher in Erscheinung treten als bei Pflanzen.

In Anbetracht dieser Vielfalt von Schöpfungskräften hat der Verfasser Tendenzen allgemein so definiert:

Tendenzen = seelisch-geistige E n e r g i e n ,
    die Art, Richtung und Stärke
    aller Lebensvorgänge bestimmen. [3]

Wir erleben Tendenzen häufig als g e n e i g t - sein, weshalb man sie als die Geneigtmacher und grossen Verführer bezeichnen könnte. Diese innere Neigung entspricht dem G e f ä l l e des zu Tal strömenden Wassers, bei dem man aber nur die Gefälls s t ä r k e beachtet. In Wirklichkeit besitzt jedes Fliessgewässer auch eine bestimmte Himmelsrichtung, wie es [3] ANALOG für Tendenzen angibt. Beim bewussten Streben sprechen wir vom Ziel, das wir verwirklichen wollen. Wenn sich einer Tendenz äussere Hindernisse oder innere Widerstände in Form a n d e r e r Tendenzen entgegenstellen, ruft diese Tendenz ein entsprechendes Bedürfnis oder M a n g e l gefühl wach. Deshalb bezeichnet *Paul Debes* (7)

Tendenzen als Hungerleider. Eine gewisse S p a n n u n g zwischen Sehnsucht und Erfüllung scheint für die Gesundheit des einzelnen wie der Gesellschaft sogar notwendig zu sein.

4.2. Beständigkeit von Tendenzen ANALOG zur Trägheit von Massen

Ein Grundgesetz der Mechanik lautet, dass jeder Körper, auf den k e i n e Kraft einwirkt, seine Ruhelage oder seine Bewegung in Richtung und Geschwindigkeit beizubehalten sucht. Dieses B e h a r r u n g s vermögen bezeichnet man als Trägheit einer Masse, die jedem Körper zusammen mit seiner Schwerkraft = dem Gewicht innewohnt. Das mechanische Beharrungsvermögen entspricht auf seelischer Ebene genau einer G e w o h n h e i t :

| Gewohnheit des Denkens, Redens, Handelns und Reagierens | ANALOG | Beharrungsvermögen eines Körpers | [7] |

Gewohnheiten können in T r a d i t i o n e n von Kleidung und Ritus, in Sprache und Schrift, in Gesetz und Recht (Gewohnheitsrecht) sowie in D o g m a t i k (8) jeglicher Art zum Ausdruck kommen. Dass hinter e i n g e f l e i s c h t e n (= inkarnierten) Gewohnheiten die Energie mächtiger Tendenzen steht, zeigt sich erst bei einer Ä n d e r u n g des gewohnten Rhythmus, sei das infolge äusserer oder innerer Störungen. Als Vorstufe einer Gewohnheit können wir die ständige Ü b u n g und mehr passiv die A n p a s s u n g an neue Umstände betrachten. Das Sprichwort, dass ständige «Übung den Meister macht», gilt nicht nur für handwerkliche Fertigkeiten und geistige Fähigkeiten, sondern ganz allgemein. Durch ständige W i e d e r h o l u n g können aus winzigen Anfängen mächtige Tendenzen und Gewohnheiten werden, die endlich ganz automatisch ablaufen.

Während eine Durchschnittsperson diesem Gesetz ausgeliefert ist, weiss der/die geistig Strebende es geschickt einzusetzen. Einerseits müssen Sie h i n d e r l i c h e Gewohnheiten durch Achtsamkeit und häufiges Bedenken ihrer üblen Folgen geduldig abbauen. Andererseits werden Sie sich n e u e Gewohnheiten schaffen, die Ihren inneren Fortschritt beschleunigen. Unter den Gewohnheitskomplexen ragt der Glaube an die eigene Persönlichkeit, die Illusion eines von der Welt getrennten I c h s hervor. Durch diese Denkgewohnheit sind wir an das Kreuz der niederen Welt geheftet und werden gemäss dem Karma-Gesetz, der geistigen Kausalität, hier und dort wiedergeboren.

Da ein Körper selten ungestört bleiben wird, wie es die Analogieformel [7] voraussetzt, unterscheiden wir zwei Fälle seiner Bewegungsänderung:

Veränderung der Tendenzen-Aktivität		Veränderung der Massenbewegung
Steigerung (Aktivierung)	analog	Beschleunigung (Anfahrt)
Abschwächung (Passivierung)		Verzögerung (Bremsung) [8]

Wir haben gesehen, dass Gewohnheiten zur grossen Gruppe der T e n d e n z e n gehören, die nur zu beobachten sind, wenn sie eine gewisse Aktivität zeigen. Eine völlig passive Tendenz bleibt grundsätzlich unbewusst, wie stark sie auch sein mag.

Den Ü b e r g a n g einer aktiven Tendenz in den passiven Zustand wollen wir uns anhand des Gleichnisses zum fliessenden Wasser deutlich machen. Da W a s s e r stets tieferen Stellen in der Umgebung zufliesst, erreicht das Regenwasser in Bächen und Flüssen schliesslich das Meer als tiefstes Niveau. Hier hört die Fliessbewegung des Wassers auf, da sich der Meeresspiegel auf der ganzen Erde mit der örtlichen Schwerkraft im Gleichgewicht befindet. (Die grossräumigen Meeresströmungen werden durch ständige Winde und Unterschiede in Wassertemperatur und Salzgehalt verursacht.):

| Aktivität einer Tendenz | ANALOG | abwärts fliessendes Wasser |
| Passivität einer Tendenz | | Einmünden ins Meer [9] |

«Das Wandern ist des Müllers Lust» heisst es in einem Volkslied. Die Analogie zum rauschenden Bach, der das Mühlrad antrieb, ist offensichtlich. Wir erinnern uns an die Wanderburschen, die bis ins 20. Jahrhundert ausschwärmten, um ihre beruflichen Fertigkeiten zu erweitern. Der W a n d e r t r i e b gehört zu den Tier und Mensch gemeinsamen Tendenzen, weshalb man gewisse Personen als «Zugvögel» bezeichnet. Die heutigen Autofahrer und fliegenden Touristen scheinen demselben Wandertrieb zu gehorchen. B. *Chatwin (9)* sieht in der Unruhe unserer Zeitgenossen Reste des ursprünglichen Nomadentums. In der folgenden Formel seien zwei Stufen in Analogie zum Wind unterschieden:

| allgemeiner Wandertrieb (Nomadentum) | ANALOG | unregelmässige Winde |
| regelmässige Wanderungen (Saisonarbeiter) | ANALOG | jahreszeitliche Winde [10] |

Beschleunigung und Verzögerung eines Fahrzeugs gemäss [8] mögen uns zum W e c h s e l w i r k u n g s gesetz der Mechanik überleiten, das dem oberflächlichen Blick verborgen bleibt. Auf ebener trockener Strasse kann man einen Kraftwagen anschieben, was jedoch auf vereister Strasse nicht möglich ist, weil der Widerstand für die Füsse auf der Strasse fehlt. Die Zugkraft einer Lokomotive, mit der sie die angehängten Wagen zieht, wirkt in derselben Grösse, aber in entgegengesetzter Richtung von den Wagen auf die Lok. Das gilt unter allen Bedingungen, wenn wir beachten, dass eine Druckkraft beim Bremsen durch die Puffer übertragen wird. Während die Gegenwirkung beim Abfeuern einer Waffe als R ü c k s t o s s bekannt ist, sind andere Anwendungen wie beim Raketenantrieb und beim dynamischen Flügelauftrieb nur dem Fachmann geläufig.

Newton sprach das Wechselwirkungs-Gesetz in der lateinischen Form «actio = reactio» aus:

Rückwirkung aller Handlungen		Wirkung = Gegenwirkung	
(geistiges Karma-Gesetz)	ANALOG	(mech. Wechselwirkung)	[11]

Das K a r m a - Gesetz über die Rückwirkung aller egozentrischen = ichhaften Handlungen geht weit über die E c h o - wirkung im zwischenmenschlichen Bereich hinaus. Nach dem jüdischen Gesetz «Auge um Auge, Zahn um Zahn» wird Hass automatisch mit Hass und Gewalt mit Gewalt vergolten. Da im Grunde genommen alle Wesen a n g e n e h m e Begegnungen erstreben, muss der/die Einsichtige das Sprichwort «Wie du mir, so ich dir» u m k e h r e n in «Wie ich dir, so du mir». Wenn Sie Ihre Partner mit Freundlichkeit und Verständnis überraschen, wird das zunächst Misstrauen erregen, weil man nicht an einen solchen Gesinnungswandel glauben will. Dennoch konnten *Mahatma Gandhi* und *Martin Luther King* mit ihrer Engelsgeduld und einem ich-freien Herzen eingewurzelte Vorurteile (= Denkgewohnheiten) endlich auflösen. Ihr gewaltsames Ende weist auf die Verzögerungswirkungen des Karma-Gesetzes hin.

Das Grundgesetz zwischenmenschlicher Beziehungen im kleinsten Kreise und auf höchster Ebene lässt sich allgemein so formulieren:

	Verstärkung	
	ähnlicher	
Art der Begegnung ENTSPRICHT		Tendenzen beim Partner
	Schwächung	
	entgegengesetzter	[12]

Anstatt einer Zustandsbeschreibung durch «ENTSPRICHT» = «ist ANALOG» lesen wir diese Formel besser so:

Aus der Art der Begegnung f o l g t die entsprechende Tendenzenänderung beim Partner. Bei verständnisvoller Zuwendung werden sich ähnliche Tendenzen beim Partner verstärken, mögen sie auch noch eine Zeitlang verborgen bleiben. Gleichzeitig werden egozentrische und gehässige Tendenzen geschwächt. Solche e n t g e g e n gesetzten Tendenzen- P a a r e , wie Aktivität und Ruhebedürfnis, die sich in jedem Herzen befinden, löschen sich keineswegs aus wie Feuer und Wasser, sondern kommen bei verschiedenen Gelegenheiten einzeln zum Ausdruck.

Wegen des durch [12] ausgedrückten Gesetzes ist die Wahl unserer F r e u n d e für unsern Lebensweg entscheidend, sofern wir unter Freunden nicht Zechbrüder und Kollegen, Blutsverwandte und Nachbarn verstehen, sondern G e i s t e s -Verwandte. Nur diese vermögen uns nach dem Sprichwort «*Sage mir, mit wem du umgehst,*
und ich sage dir, wer du bist»
durch ihr Beispiel sittlich und geistig emporzuheben.

Als anschauliches Beispiel zur Erhaltung m a t e r i e l l e r Energie sei ein frei schwingendes P e n d e l herangezogen. Ohne Energiezufuhr vermag es gut 1000 Schwingungen auszuführen. Würden wir ein reibungsfrei aufgehängtes Pendel in einem luftleeren Raum anstossen, könnte es theoretisch ewig hin und her schwingen. Das Interessante am Pendel ist die dauernde Umwandlung zwischen Lage- und Geschwindigkeits-Energie. Versuchen wir, die o b e r e Lage des Pendels, wo es einen Augenblick still steht, dem Auftauchen einer Tendenz im Tages b e w u s s t s e i n ANALOG zu setzen, bevor diese Tendenz wieder von anderen unter die Schwelle verdrängt wird. Dann entspricht fast der gesamte Pendelweg dem u n b e w u s s t e n Tendenzenzustand. Hierbei sind aber die Tendenzen – ANALOG zur Pendelgeschwindigkeit – nicht weniger aktiv als in den Augenblicken ihres Bewusstseins:

Bewusstseinsgrad	analog	Pendelzustand
Bewusstheit einer Tendenz		Stillstand oben
Unbewusstheit einer Tendenz		Hin- und Herschwingen [13]

So wie die G e s a m t e n e r g i e des Pendels, die sich aus seiner wechselnden Höhe und Geschwindigkeit zusammensetzt, konstant bleibt, so bleibt auch die T e n d e n z e n s t ä r k e   e r h a l t e n – unabhängig von ihrem Bewusstseinsgrad [13] und ihrer Aktivität [8]. Jedoch müssen wir mit l a n g s a m e n Tendenzenänderungen rechnen, sei das unter dem Einfluss unserer Mitmenschen [12] oder durch die innere Arbeit auf dem geistigen Pfad.

Von welchen p s y c h o l o g i s c h e n Bedingungen hängt es ab, ob eine Tendenz schnell wieder unbewusst wird oder längere Zeit bewusst bleibt? Wir wissen, dass sich unter gleich bleibenden Umständen leicht Gewohnheiten unseres Verhaltens ausbilden, die mit der Zeit einen a u t o m a t i s c h e n Charakter annehmen, d.h. unbewusst werden. Das gilt für die Art unserer Wahrnehmung, die am Arbeitsplatz und im eigenen Haushalt zur Betriebsblindheit führen kann. In einer Ehe artet die Gewöhnung oft in gegenseitige Gleichgültigkeit aus. Dazu trägt die selbstverständliche E r f ü l l u n g aller leiblichen Bedürfnisse von der Kleidung über die Ernährung bis zur Geschlechtsliebe bei, was allgemein so formuliert sei:

regelmässige und
leichte Befriedigung ⟶ Tendenz wird unbewusst

unregelmässige und
schwierige Befriedigung ⟶ Tendenz bleibt bewusst [14]

Diesen Unterschied können Sie auf allen Ebenen bei sich selbst und bei anderen Personen beobachten. Die erste Zeile entspricht dem «Gewohnheitstier», das wir im Anschluss an die Analogie [7] untersucht haben.

4.3. Hierarchie der Tendenzen ANALOG zum Aufbau eines Volkes

So wie die S e e l e innerhalb der Dreiheit
    Körper – Seele – Geist [1]
die E n e r g i e einer Person darstellt, ist innerhalb der entsprechenden Dreiheit   Land – Volk – Staat
das V o l k die treibende K r a f t der Nation. Deshalb können Sie hier Seele und Volk analog setzen, welche Analogie der Verfasser in (10) durch eine Reihe von Untergruppen im einzelnen begründet hat.

Auf seiten des Volkes ist klar, dass es sich aus vielen Einzelpersonen zusammensetzt, die wir Volksgenossen nennen. Auf der andern Seite können Sie theoretisch annehmen, dass sich die teils unbewussten Tendenzen aus kleinsten Energiepaketen, Elementar-Tendenzen oder Tendenzen-Atomen zusammensetzen. So wie materielle Atome nur ausnahmsweise sichtbar gemacht werden können, sind Tendenzenatome = Elementartendenzen viel zu schwach, um bewusst zu werden. So wie ein Chemiker aus den Eigenschaften eines reinen Stoffes auf die einzelnen Atome schliesst, verfahren wir bei den Tendenzen und schreiben ihnen in Analogie zu einem Volksgenossen bestimmte Eigenschaften zu:

Elementar-Tendenz		Volksgenosse
Stärke und Richtung		Vermögen und Beruf
Art (Qualität)	analog	Rasse, Typ
Umpolung		Wechsel der Nationalität
Erscheinen und Verschwinden		Geburt und Tod [15]

Besonders auffällig sind Umpolungen zwischen Liebe und Hass, die bei leidenschaftlichen Personen gerne in ihr Gegenteil umschlagen.

Das Erscheinen und Verschwinden von Tendenzen wird deutlicher, wenn wir gemäss folgender Tabelle vier Zustände unterscheiden:

Zustand einer (auf die Erde gerichteten) Elementar-Tendenz		Seele eines Volksgenossen
Aktivität	analog	auf der Erde verkörpert
Übergang in den passiven Zustand		Abscheiden von der Erde
Passivität		im Jenseits
Übergang in den aktiven Zustand		leibliche Wiedergeburt [16]

Der irdische T o d eines Volksgenossen entspricht dem Verschwinden einer Elementar-Tendenz, d.h. ihr Übergang vom aktiven in den passiven Zustand. Dieser passive Zustand entspricht dem jenseitigen Dasein eines Volksgenossen, der zwar seinen Einfluss auf die hiesige Gemeinschaft eingebüsst hat, jedoch dort (als Seele) genauso aktiv sein wird, wie er es in seinem Erdenleben war. Schliesslich entspricht die R ü c k - k e h r des Volksgenossen auf die Erde (leibliche Wiedergeburt) dem Erscheinen und Wieder-aktiv-werden der Tendenz, deren Energie sich nicht einfach in nichts auflösen kann. In der Regel verkörpert sich eine Seele öfter in derselben Volksgemeinschaft.

Um die erwähnte Aktivität der Seele im Jenseits zu verstehen, brauchen wir die K e h r s e i t e von [16], d.h. den Blick vom Jenseits auf die Erde. Dabei müssen wir die «zur Erde gerichtete Tendenz» gemäss [16] ergänzen durch eine auf das J e n s e i t s g e r i c h t e t e Tendenz und die Aussagen über die Seele eines Volksgenossen auf der rechten Seite umkehren:

Zustand einer (auf das Jenseits gerichteten) Elementar-Tendenz		Seele eines Volksgenossen
Aktivität		im Jenseits verkörpert
Übergang in den passiven Zustand	a	Abscheiden vom Jenseits
Passivität	n	auf der Erde
Übergang in den aktiven Zustand	a	Wiedererscheinen im Jenseits [17]

Die hierin angedeutete Kehrseite von Tod und Geburt wird anhand von *Tabelle 4* (S. 97) noch deutlicher werden.

Es ist ein Naturgesetz, dass sich ä h n l i c h e Kräfte und Wesen gegenseitig a n z i e h e n, unähnliche aber abstossen oder sich gleichgültig bleiben. Deshalb dürfen wir erwarten, dass sich ähnliche Elementar-Tendenzen zu einer Tendenzen-Z e l l e zusammenschliessen. Das entspricht in der Chemie der Bildung eines M o l e k ü l s aus zwei oder mehreren Atomen. Isolierte Atome kommen in der Natur genauso selten vor wie Elementar-Tendenzen. Auf sozialer Ebene gehören mehrere Volksgenossen zu einer F a m i l i e, und Familien sind auf ähnliche Weise wiederum verbunden. Jede Art von V e r w a n d t s c h a f t bedeutet eine entsprechende Ähnlichkeit. Wir können jetzt die beiden Ähnlichkeitsketten in die Form einer Analogietabelle bringen:

Elementar-Tendenz		Volksgenosse
Tendenzen-Zelle	analog	Familie
Tendenzen-Gruppe		Volksstamm
Tendenzen-Komplex		Volk einer Nation [18]

So wie eine Familie mehr ist als die Summe ihrer Mitglieder, so wirkt auch ein Molekül ganz anders als eine Mischung seiner atomaren Bestandteile. Der Unterschied besteht in beiden Fällen in den W e c h s e l w i r k u n g s -Kräften [11] zwischen den zusammengewachsenen Gliedern. Selbst wenn eine Familie als «Zelle des Volkes» als ein geschlossenes Ganzes erscheint, ist ihre Stabilität heute in den Industrienationen weit schwächer als noch vor einigen Generationen.

Die Einstellung von Gesellschaft und Staat zur Familie ist starken Wandlungen unterworfen. Je nach den kulturellen, religiösen und politischen Bedingungen einer Nation hat man eine kleine oder grosse Familie bevorzugt. Heute besteht die dringende Aufgabe der Entwicklungsländer in einer rigorosen Beschränkung der Kinderzahl, um die Bevölkerungsexplosion zu stoppen, bevor sich die Nationen in einer weltweiten Hungerkatastrophe gegenseitig zerfleischen. C h i n a mit über einer Milliarde Menschen ist es tatsächlich gelungen, die Kinderzahl in den Städten auf ein bis zwei zu beschränken, was bei seinen 800 Millionen Landbewohnern nicht so schnell durchzusetzen ist.

Unter der in [18] stehenden Tendenzen-G r u p p e sei eine Vielzahl zusammengehöriger Tendenzen-Zellen verstanden, so wie sich auf leiblicher Ebene viele Zellen zu einem Organ verbinden. Andererseits gibt es nur wenige einheitliche Völker. Die meisten bestehen aus deutlich unterscheidbaren Volksstämmen mit eigener Abstammung und Geschichte. Sie wundern sich manchmal, wie auch kleinere Volksstämme ihre kulturelle Eigenart in Mundart und Gebräuchen Jahrhunderte lang bewahren konnten, was aber heute immer schwieriger wird.

Auch in alten Nationen wie Grossbritannien können die verborgenen Spannungen zwischen den Stämmen aus nichtigen Anlässen hervorbrechen und dem Staat Schwierigkeiten bereiten. Diesen S t a m m e s b e s t r e b u n g e n kommen mehrere Staaten durch Gewährung grösserer Selbstverwaltung entgegen. So gelang es in der Schweiz den separatistischen Kräften im Norden des Kantons Bern, 1978 einen eigenen Kanton Jura zu gründen. Überraschend zerfiel 1991 die Sowjetunion in ihre Republiken, unter denen alsbald die Rivalitäten offen ausbrachen. Diesem Beispiel folgte Yugoslawien, wo der serbische Nationalismus in einen Vernichtungskrieg gegen die unbequemen Minderheiten ausartete.

Wenn von Bevölkerung die Rede ist, hat man vorwiegend die A n z a h l der Volksgenossen im Auge, sei es innerhalb einer Stadt oder eines Landes. Eine Bevölkerung kann aus verschiedenen Gründen zu- oder abnehmen. Die Analogie [16] lässt sich so verallgemeinern:

Tendenzen-Änderung	analog	Bevölkerungs-Änderung
Stärkung der Tendenzen		Zunahme durch Geburtenüberschuss
Schwächung der Tendenzen		Abnahme durch Hunger, Seuchen, Krieg [19]

Die Bevölkerungs-Explosion vieler Länder führt nicht nur zu wachsenden Versorgungsschwierigkeiten, sondern erhöht auch die sozialen Spannungen. Dem entspricht psychologisch eine schwierige Befriedigung übermächtiger Tendenzen, die uns zu ihren Sklaven machen:

Übermächtige Aktivität von Tendenzen (schwierige Befriedigung)	analog	Übervölkerung eines Landes (schwierige Versorgung) [20]

So wie jede Nation ihre Bevölkerung auf eine «vernünftige Zahl» beschränken sollte, tun wir gut daran, für ein gesundes G l e i c h g e w i c h t unseres Tendenzen-Haushalts zu sorgen. Welch eine Bevölkerung ein Land zu ernähren und zu beschäftigen vermag, ist eine Frage seiner Entwicklungsstufe.

Eine zu hohe Bevölkerungsdichte zwingt die Bewohner zur A u s w a n d e r u n g. Sie kann in Verbindung mit Naturkatastrophen Völkerwanderungen auslösen. Andererseits ist das US-amerikanische Volk hauptsächlich aus europäischen Einwanderern zusammengewachsen. Auch hierzu gibt es entsprechende Änderungen der Tendenzen:

Änderung der Tendenzen-Gruppe	analog	Änderung der Bevölkerungszahl
Zusammenfassung ähnlicher Tendenzengruppen		Zunahme durch Assimilation anderer Stämme
Abspaltung unähnlicher Tendenzen von einer Gruppe		Abnahme durch Auswanderung [21]

Während die Gruppierung der Tendenzen im allgemeinen von selbst nach dem Grade ihrer Ähnlichkeit geschieht, können unter besonderen Umständen Verbindungen scheinbar unähnlicher Tendenzen zustandekommen. Wenn eine solche Tendenzengruppe mit den übrigen Tendenzen nur lose verbunden ist und immer wieder auf eine bestimmte Art und

Weise zum Ausdruck gelangt, spricht man im Sinne von C.G. *Jung* vom K o m p l e x . Er kann durch oft wiederholte Äusserung und automatischen Ablauf (Zwangshandlung) eine solche Stabilität erlangen, dass Sie darunter leiden, sich aber nicht mehr allein davon befreien können.

Als die Psychologie das Unterbewusste wiederentdeckte, musste sie auf verdrängte Seelenkräfte stossen. Die bahnbrechende Rolle *S. Freuds* ist bekannt, doch bildet die Geschlechtlichkeit nur eine der vielen Tendenzengruppen, die zeitweise aus dem Tagesbewusstsein verdrängt werden. Grundsätzlich können nicht alle Tendenzenarten gleichzeitig bewusst verwirklicht werden, solange Sie auf Ihrem beschränkten Ich-Standpunkt verharren.

Dem entsprechend gilt die Regel, dass in fast jedem Volk Minderheiten bestehen, die ein Schattendasein führen und oft von der Mehrheit des Volkes unterdrückt werden:

verdrängte Tendenzen ANALOG Minderheit, unterdrückte Volksgruppe [22]

Die Minderheit mag wegen rassischer, sprachlicher, religiöser oder anderer Gründe abseits stehen. Wenn jedoch die Minderheit aus einer dünnen Oberschicht von Eroberern besteht, wird sie früher oder später der Volksmehrheit erliegen. Wir können dann erwarten, dass Herren und Sklaven ihre R o l l e n v e r t a u s c h e n , was dem Wechsel zwischen bewussten und unbewussten Tendenzengruppen einer Person entspricht.

Die Psychologie des U n b e w u s s t e n lehrt uns, dass unbewusste Tendenzen, mögen sie verdrängt oder gar nicht bewusst gewesen sein, ausserordentlich wirksam im Leben einer Person sein können. Wegen der Mannigfaltigkeit von

Tendenzen, die unsere kühnste Phantasie übertrifft, müssen wir bei jedem Menschen darüber hinaus wirklich p a s s i v e Tendenzen annehmen. Im Laufe der Inkarnationen wechseln Aktivität und Passivität vieler Tendenzen, da jede Daseins-Ebene die Aktivität bestimmter Tendenzen begünstigt, andere aber zur Passivität verurteilt, da sie keine Resonanz finden.

Was heisst A k t i v i t ä t von Tendenzen? Dass sie an Ihrem Leben, das durch unzählige Fäden mit der Umwelt verbunden ist, mitwirken. Dazu gehören auch unsere zwischenmenschlichen = sozialen Beziehungen, die durch die persönliche Entwicklung mit beeinflusst werden. Auf der anderen Seite bleibt zwar eine passive Tendenz in ihrer Richtung und Stärke erhalten, nicht aber eine aktive Tendenz. Denn jede Handlung im Denken, Reden und Tun, jede Reaktion im zustimmenden oder ablehnenden Sinn führt durch Ihre Stellungnahme zu einer geringen Tendenzenänderung:

aktive/passive Tendenzen   ANALOG   soziale/unsoziale Personen   [23]

Wenn den aktiven Tendenzen soziale Personen entsprechen, müssen wir den p a s s i v e n Tendenzen den entgegengesetzten Personentyp zuordnen: unsoziale Personen, verschlossene Charaktere, Phantasten, aber auch mönchische Einsiedler, eben alle, die längere Zeit des menschlichen Kontaktes entbehren. Un-sozial ist dabei scharf von a-sozial zu unterscheiden, was einen ausgesprochen negativen Charakter besitzt. Dem Unsozialen ist die Gesellschaft gleichgültig, während der Asoziale zwar auf die Gesellschaft bezogen ist, sie aber infolge unsittlicher Motive ausnutzt oder sie als Terrorist zu zerstören sucht.

4.4. Individuelles Tendenzen-Geflecht ANALOG zum Seilgebilde

Der Ausdruck Individualität stammt aus dem Lateinischen und bedeutet U n t e i l b a r k e i t . Die Individualität ist eine einmalige geistige Wesenheit, von der es k e i n e K o p i e n gibt. Die aus [1] entnommene und ergänzte Analogie

Geist	ANALOG	Information	lahmer Seher	
Seele		Energie	blinder Riese	[24]

weist auf Gedächtnis und Erinnerung als Pfeiler des G e i s t e s hin. Ein weiteres Kennzeichen lautet Einheits-Bewusstsein: die wesenhafte innere V e r b u n d e n h e i t mit allen Geschöpfen. Im Christentum heisst es Nächstenliebe und im Buddhismus All-Liebe (metta), die keinen Unterschied zwischen der eigenen Person und anderen Wesen machen.

Mit der Individualität ist die eigentümliche Gabe verknüpft, dass alle ihre Handlungen und E r l e b n i s s e – mögen sie hoch- oder niedrigstehend sein – wie in einem Computer g e s p e i c h e r t werden und bei entsprechender Entwicklung aus beliebig ferner Vergangenheit abgerufen werden können. Diese automatische «Niederschrift» heisst in Indien Akasha-Chronik und in der Bibel: Buch des Lebens. Die Rückerinnerung an frühere Inkarnationen (eigene und fremde) beweist das unzerstörbare Band, das alle unsere Inkarnationen wie eine Perlenkette miteinander verbindet. Dieselbe Eigenschaft der S t e t i g k e i t = Kontinuität besitzt das Tendenzengeflecht der Seelen-Energie.

Wie die rechte Spalte von [24] mit dem alten Gleichnis vom blinden Riesen und lahmen Seher zeigt, sind beide untrennbar aufeinander angewiesen:

| der blinde Riese, ANALOG | zur Seele, findet ohne seinen Führer keinen Weg; |
| der lahme Seher, ANALOG | zum Geist, kann sich ohne seinen Träger nicht fortbewegen. |

Entsprechend müssen wir annehmen, dass das geistige Band der Individualität, das wir in Analogie zur Perlenkette gesetzt haben, untrennbar mit dem noch zu besprechenden Seilgebilde verbunden ist.

Wenn wir die Individualität als höchste Stufe des Geistes ansehen, können wir ihr noch zwei tiefere Stufen hinzufügen, die wir zu drei Formen eines Kristalls in Analogie setzen:

Geist		Kristall
Individualität	analog	Form als geistige Idee
Selbst		flüssiger Kristall
Ich		fester Kristall [25]

Beginnen wir mit der untersten Zeile, unserm I c h -Bewusstsein. Es wähnt sich von der übrigen Schöpfung getrennt, weil es sich mit dem sterblichen Körper i d e n t i f i z i e r t . Wie zähe das Ich seine Existenz verteidigt, erfährt erst der/die geistig Strebende. Auf Ihrem mühsamen Pfad dem einsamen Gipfel entgegen wird eine umfassendere psychologische Instanz verwirklicht, welche C.G. Jung das S e l b s t genannt hat. Es kennt im Gegensatz zum Ich keine Herrschafts-Tendenz und keine Grenze zwischen Mein und Dein. Dieses Verhältnis zwischen Ich und Selbst ist ANALOG zu dem zwischen einem festen und flüssigen Kristall gemäss [25]. Geläufig ist uns nur das Ich ANALOG zum festen Kristall. Aber auch ein flüssiger Kristall hat seine unsichtbaren K r i s t a l l a c h s e n, in welchen er eigentümliche optische Eigenschaften besitzt. Diese Achsen können wir als geistige Idee einer bestimmten Kristallform auffassen, was der geistigen I n d i v i d u a l i t ä t entspricht.

Es mag die Frage auftauchen, ob es auch a n d e r e als individuelle Tendenzen-Geflechte = Seelen gibt? Dazu gehören die G r u p p e n s e e l e einer Tierart und Menschenmassen, denen sich die Massenpsychologie widmet. Die Seelen der dazugehörenden Einzeltiere sind e n g mit der Gruppenseele verbunden, wie wir sie in einem Schwarm auf und ab tanzender Mücken beobachten. Dagegen besitzen Menschen und höhere Wesen wie Engel und Götter individuelle Seelen, die nur l o s e mit anderen Wesen und Gruppen verbunden sind.

Es war bereits in den Analogien [16] bis [18] die Rede von E l e m e n t a r -Tendenzen, die viel zu schwach sind, um isoliert bewusst zu werden. Ein treffendes Gleichnis zu Elementartendenzen bieten N a t u r f a s e r n, die zu einem Faden versponnen werden. Dem entspricht eine Gruppe sehr ähnlicher Elementartendenzen, die sich aufgrund ihrer Ähnlichkeit eng aneinander lagern. Eine Reihe von Fäden werden zu einem Seil zusammengedreht, und aus Seilen lässt sich ein dickes Tau herstellen. Entsprechend können wir uns den Aufbau eines Tendenzengeflechts vorstellen:

Aufbau eines Tendenzen-Geflechts	log a	Aufbau eines Taues
Elementar-Tendenz		einzelne Faser
Gruppe ähnlicher Elementar-Tendenzen	a	aus Fasern versponnener Faden
Hauptgruppe zusammengehöriger Tendenzen	n	aus Fäden zusammengedrehtes Seil
ganzes Tendenzen-Geflecht	a	aus Seilen bestehendes Tau [26]

Bei einem Tau befindet sich in jedem Querschnitt nur ein winziger Bruchteil aller Fasern an der O b e r f l ä c h e . Ihnen entsprechen diejenigen Tendenzen, die durch ihre Aktivität das B e w u s s t s e i n hervorbringen, während der grösste Teil der Tendenzen passiv bleibt. Da die einzelnen Fasern sehr viel kürzer als die aus ihnen hergestellten Gebilde sind, können wir den Anfang einer Faser der Bildung einer Elementar-Tendenz und das Ende der Faser der Auflösung dieser Tendenz zuordnen:

$$\begin{matrix}\text{Bildung} \\ \text{Auflösung}\end{matrix} \text{ einer Elementar-Tendenz} \quad \text{ANALOG} \quad \begin{matrix}\text{Anfang} \\ \text{Ende}\end{matrix} \text{ einer Faser}$$

[27]

Dabei geschieht die Bildung einer Tendenz durch ausdrückliche Bejahung einer Sache, Qualität, einer Tätigkeit oder eines Zustandes. Umgekehrt kann eine schwache Tendenz durch betonte Verneinung restlos aufgelöst werden, wie wir im Abschnitt 7.5. «Das Gesetz der Tendenzen-Änderung» noch sehen werden. Bei stärkeren Tendenzen dauert dieser Prozess natürlich länger.

Das eine Ende des «Tendenzen-Taues» erstreckt sich in die Vergangenheit und verliert sich vor dem Blick eines Sehers in den Zeiten ferner «Weltenentstehungen und Weltenvergehungen» – ein vom *Buddha* in Verbindung mit der Wiederverkörperung öfter gebrauchter Ausdruck. Das andere Ende des Tendenzen-Taues bildet unsere Gegenwart und die nahe Zukunft, wo «die Normen den Schicksalsfaden spinnen». Der S c h i c k s a l s f a d e n bildet ein uraltes Gleichnis, wie der bekannte Ausdruck «dein Schicksal hängt an einem Faden» erkennen lässt.

Sie haben wahrscheinlich bemerkt, dass auf der linken Seite der Analogie-Tabelle [18] ebenso wie unter dem Titel der Formel [26] «Elementar-Tendenz» steht. Das ermöglicht Ihnen die Bildung der Analogie-Kette

Volksgenosse ANALOG Elementar-Tendenz ANALOG Einzelfaser, aus welcher auch die Analogie zwischen den beiden Endgliedern

Volksgenosse ANALOG Einzelfaser

folgt. Für die dazugehörigen Gesamtqualitäten kommen Sie entsprechend auf

Volk ANALOG Tau.

Das heisst anschaulich: der Strom des Erbgutes durch die Folge der Generationen in einem Volk entspricht der räumlichen Anordnung der sehr vielen kurzen Fasern im langen dicken Tau.

4.5. Die Menschheit ANALOG zum Gewebe

Zunächst sei der grundsätzliche Zusammenhang zwischen Ähnlichkeit und räumlicher Nähe, was eine sehr e n g e Analogie darstellt, allgemein formuliert:

G r a d der Ähnlichkeit und Analogie (Qualität) ANALOG räumliche Nähe (Quantität $1/r^2$). [28]

Als Ausdruck der N ä h e könnte man von der Entfernung r zwischen den betrachteten Dingen den Kehrwert $1/r$ einsetzen. Da die meisten physikalischen Wirkungen wie Licht, Schall, Schwerkraft gemäss r^2 vom Ursprung a b n e h m e n, steht in [28] der quadratische Kehrwert des Abstandes $1/r^2$. Durch diese Analogie wird die Welt des Raumes, in der alle irdischen Dinge ihren Platz haben, mit der Welt der seelisch-geistigen Qualitäten in Beziehung gesetzt. Das kommt noch deutlicher durch das dritte Gesetz «Ähnlichkeit und Analogie bedeuten Anziehung und Wirkung aufeinander» (11) zum Ausdruck, da Anziehungskraft und Strahlungsintensität mit der Nähe ($1/r^2$) zunehmen.

Der Zusammenhang [28] wird im nächst gelegenen J e n -
s e i t s (Astralebene) dadurch erfüllt, dass die Seelen unwiderstehlich zu den Gesellschaften und äusseren Bedingungen h i n g e z o g e n werden, die ihren sittlichen Qualitäten am ä h n l i c h s t e n sind. Auf der Erde vermissen wir diese Ähnlichkeit oft genug, wenn wir psychologisch gar nicht zusammen passende Ehepartner treffen, die ja wirklich in nächster Nähe miteinander auskommen müssen. In solchen Fällen würde uns ein Rückblick auf die früheren Verkörperungen beider Partner Aufschluss über ihre karmischen Verwicklungen geben, die jetzt bei entsprechender Einsicht aufgelöst werden können. Hier sind auch die Wurzeln für deutliche Reaktionen zwischen anscheinend ganz fremden Personen zu suchen, die sich auf der Erde zum ersten Mal begegnen und «Liebe auf den ersten Blick» empfinden, oder auch das Gegenteil davon: eine unerklärliche starke Antipathie und Furcht.

Diese unbewusst wirkenden psychologischen Bande umfassen ein weites Spektrum von Möglichkeiten: Zwischen den individuellen Tendenzen-Geflechten der betreffenden Seelen gemäss [26] laufen F ä d e n der Sympathie und Liebe, aber auch Fäden der Antipathie bis zum Hass hin und her. Obwohl solche n e g a t i v e n Beziehungen als abstossend erlebt werden, bilden Abneigung, Ekel und Hass genauso Tendenzen-Bande wie die p o s i t i v e n Beziehungen. Das ist ein oft übersehenes psychologisches Gesetz, wie *Shaw Desmond* in «Die Liebe nach dem Tode» (12) an vielen Beispielen überzeugend dargelegt hat.

Starke Beziehungen zwischen Menschen benötigen eine Reihe von Verkörperungen zu ihrer Entfaltung, die sich auch in höheren Daseinsebenen weiter entwickeln. Anderseits kann die von beiden Seiten hinein gesteckte seelisch-geistige Energie nicht plötzlich verschwinden. Deshalb bleiben die S c h i c k s a l e solcher Seelen auch in Zukunft noch eine Weile auf geheimnisvolle Weise miteinander verbunden.

Während starke seelische Bande eher die Ausnahme bilden, sind naturgemäss die mittelstarken Beziehungen zu unsern Freunden und Bekannten weit häufiger, mit denen wir uns mehr oder weniger verbunden fühlen. Dazu kommen Persönlichkeiten aus aller Herren Länder, mit denen uns die Medien bekannt machen. Die unaufhörlich wachsende Millionenschar der Flüchtlinge lässt uns Anteil nehmen am Schicksal von Personen g r u p p e n , die uns sonst unbekannt geblieben wären. Damit erweitert sich das Seilgebilde des individuellen Tendenzen-Geflechts [26] zu einem lebendigen G e w e b e [29], in dem wir uns die Tendenzen-Taue [26] als etwa parallel vorstellen können, wobei die ä h n l i c h s t e n jeweils nebeneinander liegen.

Hier bietet sich die Analogie zu einem einfachen Gewebe an, wie es früher auf zahllosen Webstühlen zu Hause hergestellt wurde. Die tragende Struktur in Längsrichtung des Gewebes bilden die eng nebeneinander liegenden K e t t e n fäden. Zwischen ihnen wird mit dem Schiffchen der S c h u s s faden hin und her «geschossen», der dabei immer neue Verbindungen zwischen den Kettenfäden schafft. Das entspricht offensichtlich den zwischenmenschlichen Beziehungen:

Tendenzen-Gewebe auf Erden	analog	einfaches Stoffgewebe	
Tendenzen-Taue		Schicht der Kettenfäden	
zwischen-menschliche Beziehungen		einfache Folge des Schussfadens	[29]

Der H a n d webstuhl bildete das Vorbild der ersten Webm a s c h i n e n , die wesentlich schneller arbeiteten und viele Weber arbeitslos machten. Heute gibt es unter der Vielzahl spezieller Webmaschinen auch solche, die mit Hilfe mehrerer Systeme von Kettenfäden bei gleicher Fadenstärke dickere Gewebe herstellen. Dabei werden auch mehrere Schussfäden eingesetzt, die teils quer innerhalb einer Kettenfaden-Schicht und teils senkrecht dazu verlaufen. Das ermöglicht eine wesentliche Erweiterung:

Tendenzen-Gewebe auf mehreren Daseinsebenen	go	mehrschichtiges Gewebe
Tendenzen-Taue mehrerer Daseinsebenen	1 a	mehrere Schichten Kettenfäden
zwischen-menschliche Beziehungen auf und zwischen mehreren Daseinsebenen	n a	mehrere Schussfäden [30]

Ein solches drei-dimensionales Gewebe übertrifft das einfache zwei-dimensionale Gewebe gemäss [29] gewaltig an Kompliziertheit. ANALOG dazu sind wir nicht nur mit den heute auf der Erde lebenden fünf Milliarden Menschen verbunden, sondern nach (13) mit einer Gruppe von 60 Milliarden Seelen, die mit uns an einer ewigen Wanderung durch hoch und niedrig, Licht und Finsternis, Himmel und Hölle in jeweils feinerer und gröberer Leiblichkeit teilnehmen. Der *Buddha* weist darauf hin, dass wir mit allen anderen Menschenseelen im Laufe unzähliger Inkarnationen, sei es leiblich oder seelisch-geistig, verwandt gewesen sind, und dieses Bewusstsein diene uns als Ansporn zur Verwirklichung der All-Liebe (metta).

Wie lässt sich die qualitative Gliederung der D a s e i n s - ebenen mit dem mehrschichtigen G e w e b e [30] in Beziehung setzen? Zu seiner Herstellung werden mehrere Schichten von Kettenfäden benötigt, die in der Webmaschine zunächst so sauber voneinander getrennt sind wie die Daseinsebenen in Tabelle 3 (S. 74). Im fertigen dreidimensionalen Gewebe sind sie jedoch so eng verwoben, wie es parapsychologisch für die Daseinsebenen mit ihren entsprechenden Schwingungen gilt.

Ferner wollen wir uns vorstellen, dass bei den individuellen T e n d e n z e n -Tauen [26] sich die jeweils a k t i v s t e n Tendenzen-Seile von den weniger aktiven oder ganz passiven Tendenzen a b h e b e n. Nach dem Ähnlichkeitsgesetz [28] werden diese aktivsten Tendenzen eines Wesens automatisch in die analoge Daseins-Ebene hineingezogen: die Ursache für die nächste Verkörperung, sei es auf der Erde oder in einer feineren Welt.

Da jedes sich inkarnierende Wesen zu einer G r u p p e von Seelen gehört, kommen die ANALOGEN zwischenmenschlichen B e z i e h u n g e n mit ins Spiel. Sie entsprechen im Gewebe [30] den Schussfäden. So wie diese die Kettenfäden zusammenhalten, bilden die s o z i a l e n Triebe gleichsam den Kitt, der die 60 Milliarden Seelen zwar unsichtbar, aber sehr wirksam zusammenhält. Nur dürfen wir uns diesen psychologischen «Klebstoff» keineswegs als statische Kraft vorstellen, sondern eher als einen hoch d y n a m i s c h e n Prozess – ANALOG den Austauschkräften der Kernphysiker. Die Inder nennen diesen ewigen Werdeprozess von Geburt, Altern, Sterben «Samsara», was in Europa als Rad der Wiedergeburten bekannt ist.

Unsere Psychologen drücken sich mit dem «kollektiven Unbewussten» vorsichtiger aus. Zu seiner Erläuterung pflegt man das Gleichnis vom E i s b e r g heranzuziehen, wobei man die sichtbare Spitze eines schwimmenden Eisbergs dem Bewusstsein und den untergetauchten grösseren Teil dem Unterbewusstsein zuschreibt. Dieses Gleichnis lässt sich genauer in vier Stufen formulieren:

psychologische Stufe	analog	schwimmender Eisberg
Über-Bewusstsein		umgebende Atmosphäre
Tages-Bewusstsein		aus dem Wasser herausragender Teil
persönliches Unbewusste		untergetauchter Teil
kollektives Unbewusste		umgebendes Wasser [31]

Die beiden mittleren Zeilen beschreiben die Persönlichkeit analog zum Eisberg. Das umgebende M e e r w a s s e r bedeckt 70% der Erdoberfläche und v e r b i n d e t alle Eisberge miteinander. Entsprechend verbindet das k o l l e k t i v e Unbewusste alle 60 Milliarden Menschenseelen – und darüberhinaus alle übrigen Geschöpfe. Der Eisberg wird aber nicht nur durch Meeresströmungen, sondern auch durch Winde bewegt. Die umgebende A t m o s p h ä r e entspricht dem Ü b e r bewusstsein, das über Ich und Du, Zeit und Raum hinaus geht und diese Welt «transzendiert». Dieser s p i r i t u e l l e Aspekt wird allzu oft vergessen. Ein religiöser Mensch mag in [31] als weitere Stufe noch ergänzen:

Gott ANALOG Strahlung aus dem Weltraum.

Die esoterischen Gedankengänge dieses Abschnittes werden durch die Kapitel

6. Verkörperung und Wieder-Verkörperung
7. Unsterblichkeit der Seele als Tendenzen-Geflecht
8. Meditation als mystischer Ausweg der Seele

fortgesetzt. Dagegen ist das folgende 5. Kapitel vorwiegend seelisch-geistigen Antrieben (Tendenzen) des ganzen Menschen in Analogie zu besonderen Energieformen gewidmet. So wird die einleitend vorgetragene Methode des Verfassers, – die folgerichtige Anwendung des Gesetzes der E n e r g i e - E r h a l t u n g , nicht nur in der irdischen A u s s e n welt, sondern ebenso in der seelischen I n n e n welt (S. 5) – im einzelnen ausgeführt.

5. Tendenzen-Gruppen des Menschen ANALOG zu irdischen Energie-Formen

5.1. Person und Persönlichkeit

Obwohl «Person» ein selbstverständlicher Begriff ist, dürften Sie Schwierigkeiten mit einer Definition haben. Der Verfasser schlägt folgende vor:

natürliche Person = beseelter menschlicher Körper. [32]

So wie eine n a t ü r l i c h e Person durch ihre Personalien gekennzeichnet wird, bedeutet eine j u r i s t i s c h e Person eine Gesellschaft, die im rechtlichen Sinne ähnlich einer Einzelperson auftreten kann. A m t l i c h kommt zwar mit jeder Lebendgeburt eine neue Person in die Welt, aber p s y c h o l o g i s c h verhält es sich anders: Solange ein Kleinkind von sich in der dritten Person mit seinem Rufnamen spricht, lebt es noch im magischen Zeitalter unserer Vorfahren, die keine Personen im heutigen Sinne kannten.

Erst in dem Augenblick, wo ein Kind, dem Beispiel der Erwachsenen folgend, «ich» sagt, hat es sich aus der All-Verbundenheit der Wesen g e l ö s t und tritt der Welt als Einzelperson g e g e n ü b e r. Das ist psychologisch die G e b u r t einer neuen P e r s o n, die mit dem irdischen Tod (oder bald danach) wieder s t i r b t. Solange Sie sich a u s s c h l i e s s l i c h als Person erleben, m ü s s e n Sie den Tod als Vernichtung fürchten. Sie können dieses unausweichliche Ende allenfalls aus Ihrem Bewusstsein verdrängen.

Damit ist der A u s w e g aus diesem Dilemma des modernen Menschen bereits angedeutet: E r w e i t e r u n g des Tages-Bewusstseins über die Belange des eigenen Körpers hinaus. Das kann auf mancherlei Wegen geschehen, zu denen hier einige Stichworte folgen:

1. Anerkennung des R e c h t s a l l e r Menschen zur Befriedigung ihrer Grundbedürfnisse wie Nahrung, Wohnung, Ausbildung, Arbeit.
2. Anerkennung grundlegender F r e i h e i t e n , vor allem der M i n d e r h e i t e n , in familiärer, rassischer, wirtschaftlicher, konfessioneller, politischer Beziehung (praktische Toleranz).
3. In Übereinstimmung mit den grossen Religionen empfehlen alle Weisen den Weg der T u g e n d – nicht um Gott oder der Kirche zu gefallen, sondern um t a u g l i c h zu werden für das diesseitige *und* das jenseitige Leben. Die zwischenmenschlichen Reibungen lassen sich auf ein Minimum beschränken, wenn wir dem allgemeinen Grundsatz folgen:

    Was Du nicht willst, dass man dir tue,
    das füg auch keinem andern zu.

4. Indem Sie diesen Grundsatz immer besser und leichter verwirklichen, werden Sie eine stetige E r h e l l u n g Ihrer G r u n d s t i m m u n g bemerken, während sich Ihre egozentrischen Verkrampfungen langsam auflösen. So werden Sie geistig und leiblich gesünder.

Diese Entwicklung ist psychologisch gleichbedeutend mit einer Erweiterung der Person zur Persönlichkeit:

Persönlichkeit = selbstbewusster Teil der Seele u n a b h ä n g i g vom irdischen Körper. [33]

Die Entfaltung der eigenen Persönlichkeit ist weder eine Frage von Schulbildung und Wissen, noch von Beruf und gesellschaftlicher Stellung. Persönlichkeit sollte auch nicht mit dem Dünkel Intellektueller verwechselt werden. Im Gegenteil, je harmonischer Sie sich entfalten, desto bescheidener werden Sie in der Welt auftreten und desto weniger werden Sie abhängig sein von den Zerstreuungen der Aussenwelt. Dieser «s e l b s t bewusste Teil der Seele» überlebt gewiss den irdischen Tod, welchem Jenseitsglauben auch immer die Persönlichkeit anhangen mag.

Dagegen kann das *Ich*-Bewusstsein einer Person, die ihren irdischen Körper abgelegt hat, der Seele nur bis ins Z w i s c h e n r e i c h folgen, wo sie noch eine Weile von ihren irdischen Vorstellungen erfüllt ist. Sie muss hier gleichsam einen zweiten Tod erleiden, nämlich den Tod ihres Ichs, ehe sie sich mit den übrigen Seelen in der Astralebene vereinigen kann. Die psychologische Entwicklung von der Person [32] zur Persönlichkeit [33] kann also im Jenseits nachgeholt werden – sofern es sich nicht um verhärtete Materialisten handelt, deren «psychologisches Gewicht» sie aus dem Zwischenreich alsbald wieder in eine neue irdische Geburt hinabzieht. Wir können die starre Person (besonders auffällig bei älteren Personen) der i r d i s c h e n Welt und die anpassungsfähigere Persönlichkeit der a s t r a l e n Welt zuordnen – siehe die beiden untersten Zeilen von Tabelle 3 (S. 74).

In den folgenden zwei Abschnitten werden seelische Antriebe der Persönlichkeit zu verschiedenen Arten der Wärmeerzeugung analog gesetzt, und im Kapitel 5.3. folgen geistige Antriebe analog zur Strahlungs-Energie. Seelische und geistige Antriebe gehören zur ungeheuren Vielfalt der Tendenzen, über die Tabelle 2 einen ersten Überblick bietet.

5.2. Seelische Antriebe der Persönlichkeit ANALOG zu irdischen Energie-Formen

5.2.1. Mechanische und Wärme-Energie (im Hause)

Mechanische Energie. Die unentbehrliche mechanische Energie steht in Entwicklungsländern noch durch Millionen Zugtiere zur Verfügung. So wie die Industriealisierung erst durch die Bereitstellung mechanischer Energie ermöglicht wurde, ist die moderne Gesellschaft durch das Streben nach p e r - s ö n l i c h e m   V o r t e i l geprägt. Dieser Tendenz können sich auch die kommunistischen Nationen nicht mehr verschliessen. Ich-betontes Streben erscheint in Schattierungen wie Geld- und Machtgier, Ehrgeiz und Eitelkeit, Rekordsucht ... diese und viele ähnliche Tendenzen spielen sich an der Oberfläche der Persönlichkeit ab und vergiften die soziale Atmosphäre unseres Planeten. Dem entsprechend gehört die mechanische Energie zu den gröbsten Formen:

ich-betontes Streben ANALOG mechanische Energie [34]

Das Überspringen der mechanischen Energieform bedeutet, dass das ich-betonte Streben seine heutige Vorherrschaft als Haupttendenz verlieren wird.

Verbrennungs-Wärme. Mechanische und elektrische Energie, sowie das später zu betrachtende Licht, verwandeln sich auch ohne unser Zutun in Wärme. Schon in ältesten Zeiten verstand man Feuer durch Reibungswärme zu entfachen. Künstliches Feuer darf als Anfang menschlicher Kultur bezeichnet werden, und das Feuer durch chemische Verbrennung hat bis heute seine beherrschende Stellung behalten.

Noch sind die meisten Erdbewohner auf Holz und andere natürliche B r e n n s t o f f e ihrer Umgebung angewiesen, um ihre Nahrung am offenen Feuer zu bereiten. Andererseits verbraucht die Industrie Unmengen an Kohle, Rohöl und Erdgas: Abfallprodukte pflanzlichen Lebens, welche die Natur für uns in Jahrmillionen gespeichert hat. Dieses Speichervermögen chemischer Energie zeichnet diese Energieform besonders aus, während sich die Wärmeenergie alsbald der kälteren Umgebung mitteilt und verflüchtigt.

Um die s e e l i s c h e Analogie zur physikalischen Wärme zu finden, denken wir an Nestwärme und Herzenswärme, sich für etwas oder jemanden erwärmen und andererseits das Gegenteil davon. E. *Swedenborg* beschäftigt sich ausführlich mit der Analogie zwischen Wärme und L i e b e. Sind Ihnen nicht schon Liebespaare aufgefallen, an denen Wind und Kälte abzuprallen schienen? Noch eindrücklicher beweisen die grossen Gottesliebenden, dass allgemein

Liebe ANALOG Verbrennungswärme [35]

gilt, mag es sich um einen nackt im Schnee sitzenden Yogi oder um einen Heiligen ohne irdische Nahrung handeln. Denn Nahrung dient nicht nur zur Arbeitsleistung, sondern auch zur Wärmeerzeugung. Ein bekanntes Beispiel bietet der Schutzheilige der Schweiz, *Niklaus von der Flüe,* der Jahrzehnte lang ohne jegliche Nahrungsaufnahme sein Büsserleben führte.

Offenes Feuer. Wir wollen vier Grade der Wärmebeschaffung durch Verbrennung unterscheiden. Die entsprechende Qualität der Liebe ist heute durch die Sex-Propaganda in Verruf gekommen. Obwohl der Mensch den Geschlechtstrieb mit dem Tier gemeinsam hat, kann die leibliche Anziehung ein Tor zu höheren Formen der Liebe werden, denen *Paulus* im ersten Korintherbrief ein Loblied singt.

Zunächst bleiben wir beim verzehrenden leiblichen Verlangen, das Liebende heimsucht wie loderndes Feuer. Diesem Thema widmet sich mit Vorliebe der Volksmund. Zweifellos gehört die Geschlechtsliebe zu den gröbsten Formen, weshalb wir ihr die primitivste Wärmeerzeugung zuordnen:

> Geschlechtsliebe ANALOG offenes Feuer [36]

Auch wenn man das Geschlecht im Sinne *Freuds* allgemeiner als heute versteht, bleibt die Geschlechtsliebe ein schnell vergänglicher Wert. Sie entspricht einer begehrten Speise, die jedoch nur für wenige Stunden sättigt. Für viele besitzt die Geschlechtsliebe sogar den Charakter einer W a r e , die man dem Meistbietenden verkauft. Streng genommen ist natürlich «käufliche Liebe» gar keine Liebe.

Vielleicht erinnern Sie sich an c h e m i s c h e Analogien. Bei der Vereinigung einzelner Atome zu stabilen Molekülen wird Energie frei, die als Verbrennungswärme in Erscheinung treten kann. Ganz ähnlich wird das Aufflammen einer Liebesbeziehung als Freiwerden von seelischer Energie erlebt, und deshalb suchen viele Personen immer wieder neue Liebespartner. Hierbei steht der Vorgang des V e r l i e b e n s und nicht der Charakter des Partners im Vordergrund.

Häuslicher Herd. Eine erste grosse Stufe in der Beherrschung des Feuers wurde mit dem häuslichen Herd erreicht. In langen Winternächten scharte sich die ganze Familie um den Wärme spendenden Herd. In dieser «guten alten Zeit» hatte man noch Musse, den Kindern Märchen zu erzählen. So wie das Feuer im Herd ist die Geschlechtsliebe in der E h e gebändigt, worauf *Fr. Schiller* in seiner «Glocke» anspielt. Als Einschränkung der Analogie [36] bietet sich

> eheliche Liebe ANALOG häuslicher Herd. [37]

Die eheliche Liebe spielt im Gegensatz zur «buhlerischen Liebe» bei *Swedenborg* (14) eine hervorragende Rolle.

Vom einen Herd zu mehreren Öfen in anderen Zimmern war es nur ein Schritt. Noch gibt es auf dem Lande den gemütlichen K a c h e l o f e n , der Wärme stundenlang speichert. Bei den russischen Bauern diente ein riesiger Kachelofen als Schlafplatz für die ganze Familie, wo man den Murmeltieren nacheiferte.

Zentralheizung. Das geschäftigte Industriezeitalter kam dem Streben nach Bequemlichkeit und Wirtschaftlichkeit, Sauberkeit und Regelbarkeit durch Zusammenfassung der im Hause verteilten Feuerstellen entgegen. Ähnlich wie die Rauchgase im Schornstein steigt auch Warmwasser in der Zentralheizung auf und bringt die Wärme zu den einzelnen Heizkörpern. Da dieser natürliche Kreislauf (Konvektion) nur langsam vonstatten geht und dicke Rohrleitungen erfordert, wird er heute durch eine U m w ä l z p u m p e , ANALOG zum Herzen, beschleunigt.

Was bedeutet Wärmeleitung durch Konvektion im Lichte der Analogie [35]? Offenbar, dass die Liebe sich a u s d e h n t auf weitere Familienangehörige, Freunde und Kollegen. Der Personenkreis, an dessen Schicksal man lebhaften Anteil nimmt, und für den man auch etwas zu opfern bereit ist, hat sich über die Familie im engeren Sinne ausgedehnt, doch bleibt der Gesichtskreis begrenzt. Ganz entsprechend beschränkte sich die Zentralheizung anfangs auf das Einfamilienhaus oder als Etagenheizung auf eine Wohnung:

| Liebe zu Familie und Freunden | ANALOG | Zentralheizung in der Wohnung. | [38] |

Die Technik ist weiter fortgeschritten und beheizt ganze Stadtteile von einem Kraftwerk aus durch Heisswasser oder Dampf, was den Vorteil einer verminderten Luftverschmutzung hat. Der Ausdehnung des Heizungssystems entspricht nach [35] «Liebe ANALOG Verbrennungswärme» eine Ausdehnung der Liebe zur allgemeinen N ä c h s t e n liebe. Sie macht keinen Unterschied zwischen Eingeborenen und Fremden, Weiss und Schwarz, Moslem oder Hindu. Die Nächstenliebe wartet im Gegensatz zur ichhaften Liebe nicht auf Dank, aber sie findet ihre Befriedigung darin, wenn die einem Mitmenschen geleistete Hilfe durch Rat und Tat zum Erfolg führt. Nicht Almosen geben, keine neuen Abhängigkeiten schaffen, sondern Hilfe zur Selbsthilfe – das muss das Ziel der Entwicklungshilfe sein, die so viele Irrwege gegangen ist. Wir fassen zusammen:

Nächstenliebe ANALOG Fernheizung ganzer Stadtteile. [39]

5.2.2. Weitere Arten der Wärmeerzeugung

Mechanisch erzeugte Wärme. Neben der Wärmeerzeugung durch Verbrennung (Oxydation) gibt es noch zwei Arten mechanischer Wärmeerzeugung. Wohl die älteste Methode Feuer zu entfachen besteht darin, trockene Hölzer so lange gegeneinander zu reiben, bis sie sich entzünden. Auf diese Weise können wir unsere kalten Hände erwärmen. In der Technik bildet die R e i b u n g s w ä r m e ein unerwünschtes Nebenergebnis: Bremsflächen werden bei längerem Gebrauch heiss, schleifende Kupplungen beginnen zu stinken, blockierte Eisenbahnräder sprühen Funken.

Vom physikalischen Standpunkt ist zur Erzeugung von Reibungswärme eine A r b e i t s l e i s t u n g erforderlich.

Bei jeder Arbeit wird ein Widerstand längs eines Weges überwunden. Dem entsprechen psychologisch die inneren Anstrengungen, die wir täglich a u s s e r der reinen Muskelarbeit leisten. Alle intensiven seelisch-geistigen Vorgänge, wie die Lösung schwieriger Aufgaben, Geduldsproben, während der wir «auf glühenden Kohlen sitzen», Ärger und Auseinandersetzungen, vermögen uns buchstäblich zu erhitzen.

Aber auch eine gewohnte geistige Arbeit erfordert ein Mindestmass an Aufmerksamkeit und Konzentration. Der damit verbundene Energieverbrauch zeigt sich in der Ermüdung. Unabhängig von der Art der Tätigkeit können wir die seelische Haltung, die am besten der Reibungswärme entspricht, als

Arbeitseifer ANALOG Reibungswärme fester Körper [40]

bezeichnen.

Reibungswärme gibt es auch in strömenden G a s e n. So erhitzen sich Ü b e r s c h a l l f l u g z e u g e durch die vorbeifliegenden Luftmoleküle. An den Flugzeugvorderkanten erhitzt sich die Luft durch den Aufstau um einen ähnlichen Betrag. Dieser Effekt ist bei den noch schnelleren Raketen und Raumflugkörpern während ihres Wiedereintritts in die Atmosphäre so stark, dass sie sich auf Rotglut erhitzen. Von S t e r n s c h n u p p e n weiss man, dass sie sogar verdampfen, wenn sie die irdische Lufthülle mit 10–70 km/s durchqueren. Auf diese Weise schützt sich unser Planet vor dem Hagel kosmischer Geschosse, von denen nur selten ein grösseres Stück den Erdboden erreicht.

Um eine psychologische Verbindung zu den erwähnten Arten der Lufterwärmung zu finden, erinnern wir uns der mittelalterlichen Zuordnung des Denkens zur Luftqualität. Wenn wir uns für eine Sache erwärmen und eine Vorliebe gewinnen,

sind wir gefühlsmässig beteiligt, was wir mit dem Wort
I n t e r e s s e = dabei-sein umschreiben können. Wie stark
wir durch Interessen gebunden sind, spüren wir erst, wenn
sie von anderer Seite durchkreuzt werden. Ein ungeheures
Netzwerk persönlicher Interessen umspannt den Erdball. Aus
diesem Interessennetz flammen ständig neue Konflikte auf,
die sich nur selten mit kaltem Verstand lösen lassen. Insofern
sind wir berechtigt, die grundlegende Beziehung [35]

«Liebe ANALOG Verbrennungswärme» abzuwandeln in

$$\frac{\text{Interesse}}{\frac{\text{theoretisch}}{\text{praktisch}}} \underset{\text{analog}}{} \frac{\text{Erwärmung durch}}{\frac{\text{Gasverdichtung}}{\text{Wandreibung in Gasen}}} \quad [41]$$

Als Beispiel zur Erwärmung durch Gasverdichtung sei die
Luftpumpe erwähnt. Wesentlich mehr leistet ein Dieselmotor,
dessen Luft im Zylinder auf etwa 80 at verdichtet wird und
dabei die Zündtemperatur des Schweröls erreicht. Dass die
Erwärmung auch bei langsamer Verdichtung stattfindet, beweisen die in einem Hochdruckgebiet absinkenden Luftmassen, die dabei relativ trockener werden und uns schönes
Wetter schenken.

Wenn ein Geschoss mit hoher Geschwindigkeit auf ein massives Hindernis aufprallt, verwandelt sich seine Bewegungsenergie in Wärme, die zum Schmelzen des Geschosses ausreicht. In schwächerem Grade wirkt sich diese Umwandlung
beim Schmieden aus, wobei jeder Schlag des Schmiedehammers das Werkstück weiter erhitzt. Hier liegt ein Gleichnis zum S c h i c k s a l s s c h l a g nahe, den jeder von uns
entweder «am eigenen Leibe» oder in seiner Umgebung erlebt
hat. Schicksalsschläge treten gewöhnlich als Verlust auf, sei es
von Besitz, Angehörigen, Heimat, Gesundheit. Hierbei beob-

achtet man ein eigentümliches Gesetz: wir schätzen das am meisten, was wir nicht mehr besitzen. Oft wird uns die Liebe zu einer Person, mit der wir jahrelang im Streite lebten, erst durch deren Verlust bewusst. Ähnlich kann sich die Einstellung zu unserem Körper wandeln, den wir solange gering achten, als er uns täglich seinen Dienst erweist, und den wir zu lieben beginnen, wenn er infolge Unfall oder Krankheit der Pflege bedarf.

Da S e h n s u c h t eine besondere Form der Liebe darstellt, schreiben wir als zweite Form der mechanisch erzeugten Wärme:

| Sehnsucht nach plötzlich verlorenem Gut (Schicksalsschlag) | ANALOG | Erwärmung durch Schlag oder Aufprall eines Geschosses. | [42] |

In dem Sprichwort «Wer hat wohl die Heimat lieb, bevor er nicht die Fremde kostete» kommt das Heimweh = Sehnsucht nach verlorener Heimat deutlich zum Ausdruck. Dieses Heimweh kann zur alles beherrschenden Kraft im Erdenleben werden, während unsere Seele ihr Paradies auf einer höheren Ebene schon vor Äonen verloren hat.

Elektrowärme. Die gebräuchlichste Methode zur Umwandlung elektrischer Energie in Wärme beruht auf elektrischen W i d e r s t ä n d e n , die uns als metallische Drahtspiralen vertraut sind. Sie dienen in Heizkörpern zur direkten Erwärmung der Luft, in Herdplatten zum Kochen und in Heisswasserspeichern zur Ausnutzung billiger Nachttarife. Bei der E l e k t r o l y s e arbeitet man mit niedrig gespanntem Gleichstrom, wie bei der Zersetzung von Wasser in Wasserstoff und Sauerstoff. Bei elektrochemischen Prozessen bildet die entstehende Wärme ein unerwünschtes Nebenergebnis. Dagegen benötigt man beim elektrischen

Schweissen die Hitzeentwicklung im Lichtbogen zwischen Elektrode und Werkstück. Als grossartiges Schauspiel bietet uns die Natur solche Lichtbögen als zuckende Blitze.

Je mehr wir uns im Geiste zurückversetzen in eine Zeit des primitiven und gefährlichen Reisens, desto mehr wundern wir uns über jene wagemutigen Vorfahren moderner Vagabunden. In den Schicksalen der Entdecker neuer Länder spiegelt sich die A b e n t e u e r l u s t als wesentliche Triebfeder ihrer Unternehmungen. Wir setzen diese Tendenzen in Beziehung zur Wärmeerzeugung des elektrischen Stromes:

$$\frac{\text{Antrieb der Persönlichkeit}}{\text{Abenteuerlust}} \genfrac{}{}{0pt}{}{}{\text{analog}} \frac{\text{Elektrowärme durch}}{\text{Widerstand}}$$
$$\text{Forscherleidenschaft} \quad \text{Induktion} \qquad [43]$$

Was nützte einem Menschen die stärkste Abenteuerlust, wenn er nicht über eine ausserordentliche körperlich-seelische Gesundheit verfügte, um alle Widerstände erfolgreich zu überwinden? Viele zogen aus um Abenteuer zu erleben, und nur wenige kehrten ungeschoren zurück.

In bezug auf die Wärmeerzeugung spielt es keine Rolle, ob ein Widerstand von G l e i c h - oder W e c h s e l strom durchflossen wird. Jedoch ermöglicht nur der Wechselstrom eine m a g n e t i s c h e Energieübertragung durch Induktion o h n e direkte Berührung der Stromkreise. Diese induktive Koppelung bildet die Grundlage des kleinen Lichtreglers für Glühbirnen und der grossen Transformatoren zur Anpassung der elektrischen Spannung. Dasselbe Prinzip der Energieübertragung dient andererseits im Induktionsofen zum Schmelzen von Metallen, die durch kein Heizelement, sondern durch elektrische Wirbelströme erhitzt werden.

Nach den bisherigen Analogien hängt das gesuchte seelische Spiegelbild der induktiven Elektrowärme mit Wissensdurst und Liebe zusammen. Stellen Sie sich einen leidenschaftlichen F o r s c h e r vor, der nicht eher ruht, bis er die gesuchten Naturgesetze oder technischen Verfahren gefunden hat. Er scheut weder den Einsatz seines Vermögens noch den Verlust seines guten Rufs, und gewöhnlich wird er für verrückt gehalten. In seiner extremen L i e b e z u r S a c h e setzt ein solcher Forscher sogar seine Gesundheit aufs Spiel, wofür die Geschichte erschütternde Beispiele bietet. In diesem Sinne ist die zweite Zeile der Analogie [43] gemeint – soweit ein Dutzend Stichproben «seelischer Antriebe der Persönlichkeit». Der Leser möge sie durch weitere Seelen-Kräfte mit Analogien aus seinem eigenen Erfahrungsbereich ergänzen.

5.3. Geistige Antriebe der Persönlichkeit ANALOG zur Strahlungs-Energie

5.3.1. Zusammenwirken von Seele und Geist

Wir haben Seele und Geist im Rahmen der traditionellen Dreiheit anhand der Analogietabelle [1] gestreift. Mit Hilfe eines sehr allgemeinen Tendenzen-Begriffes [3] konnte Ihnen

die Seele als überweltlicher E n e r g i e -Komplex

näher gebracht werden. Auf der anderen Seite hängt «Geist» eng mit Bewusstsein und Gedächtnis zusammen. Diese Fähigkeit zur Aufbewahrung von Eindrücken lässt sich bis zur einfachen, toten Materie zurückverfolgen. Seele und Geist sind insofern ähnlich, als die seelische Energie in den Tendenzen und die geistigen Inhalte im Gedächtnis aufbewahrt werden.

Das Bewusstsein wird heute einseitig mit Wissen und Information in Verbindung gebracht. Doch wäre ein noch so primitives T a g e s -Bewusstsein ohne ein subtiles H i n t e r g r u n d -Bewusstsein gar nicht möglich, was entsprechend für das Traum-Bewusstsein gilt. Wir wollen uns das anhand der K i n o - A n a l o g i e klarmachen:

Bewusstsein und Tendenzen		Kino
Hintergrund-Bewusstsein	a n a l o g	weisse Leinwand
Tages-Bewusstsein		projizierte Filmbilder
Wechsel des Bewusstseins-Zustandes		Wechsel der Filmrolle
aktive Tendenzen		Kino-Besucher [44]

Die Kino-Besucher schauen im Saal erst auf, wenn der Projektor die Filmbilder auf die leere Leinwand wirft. Hat das Hauptstück begonnen, werden Sie die Leinwand alsbald vergessen. Die I d e n t i f i k a t i o n der Zuschauer mit den Filmstars und ihren Abenteuern lässt die Besucher sogar zeitweise vergessen, dass sie sich im Kino befinden. Auf psychologischer Ebene reagiert eine Durchschnitts-Person im Laufe des Tages ganz ähnlich: Sie identifizieren sich mit ihren Sinneseindrücken (ich sehe und ich denke). Mit dem E i n s c h l a f e n   e r l i s c h t dieses T a g e s -Bewusstsein, ANALOG zur Beendigung einer Filmrolle. Das T r a u m -Bewusstsein entspricht dem Auflegen einer a n d e r e n Filmrolle.

Soweit mögen die drei Untergruppen von [44] einleuchtend sein. Da aber kein Film ohne Zuschauer vorgeführt wird, taucht die Frage nach einer Analogie zu den Kino b e s u c h e r n auf. Es sind die aktiven Tendenzen einer Person, ohne die kein Tages-Bewusstsein zustande kommt. Wohl aber bleibt das Hintergrund-Bewusstsein bestehen, wenn keine Tendenzen aktiv sind, oder in seltenen Fällen a l l e Tendenzen aufgelöst sind.

Wir kommen auf das uralte Gleichnis für die enge Beziehung zwischen Seele und Geist aus [24] zurück, wobei wir uns vorzustellen haben, dass der blinde Riese den lahmen Seher auf seinen Schultern trägt:

Geist   lahmer Seher
Seele ANALOG blinder Riese

Das Bild des b l i n d e n R i e s e n stimmt ausgezeichnet mit der S e e l e als Tendenzen-Geflecht = Energie-Komplex überein, wie der Verfasser die Seele versteht. Der l a h m e S e h e r , ANALOG zum G e i s t , hat keine Kraft zum Laufen, aber einen guten Überblick, um dem blinden Riesen den Weg zu weisen.

Wenn der lahme Seher zwar gesunde Sinne besitzt, aber dem blinden Riesen h ö r i g ist, wird er versuchen, die augenblicklichen Wünsche seines Trägers zu befriedigen, indem er ihm e n t s p r e c h e n d e Wege weist. Das ist jedoch schwierig: erstens wechseln diese Wünsche häufig und zweitens sind sie von so vielerlei Art, dass es kaum möglich wäre, auch nur drei oder vier Wünsche gleichzeitig zu befriedigen, weshalb die meisten W ü n s c h e des blinden Riesen jeweils u n e r f ü l l t bleiben müssen. Dieses groteske, aber leider zutreffende Bild kennzeichnet den modernen Menschen, der um jeden Preis versucht, seine Bedürfnisse in der Welt zu befriedigen.

Nehmen wir als anderes Extrem dieses ungleichen Paares an, dass der l a h m e S e h e r die geistigen Qualitäten eines W e i s e n hat. Damit kann er nicht nur die Hauptrichtung ihrer langen Wanderung bestimmen, sondern auch die nächsten Schritte des blinden Riesen so lenken, dass es für beide vorteilhaft ist. Das bedeutet, in einem geduldigen Prozess die **h e i l s a m e n** Tendenzen zu stärken und die unheilsamen zu schwächen. Auf den von Weisen überlieferten Wegen zum Heil beachten wir immer mehr die **T u g e n d** gebote, wodurch sich die zwischenmenschlichen Beziehungen verbessern. Heilsam ist es auch, die eigenen Bedürfnisse einzuschränken, weil dadurch die Unabhängigkeit gestärkt wird, während die Konsumgesellschaft in die materielle Versklavung führt.

Mit diesem Gleichnis ist die starke **W e c h s e l w i r k u n g** zwischen Seele und Geist angedeutet. Diese muss der/die geistig Strebende geschickt einsetzen, wollen Sie Ihre Verstrickungen mit der irdischen (oder astralen) Welt auflösen und dem leidvollen Daseinsprozess der endlosen Wiedergeburten ein Ende machen. Wer sich für diesen, vom *Buddha* ausführlich beschriebenen Weg interessiert, sei auf die allgemeinverständliche Darlegung von *P. Debes* (7) verwiesen.

Zwischen den bisher behandelten **s e e l i s c h e n** Antrieben und den **g e i s t i g e n** Antrieben in den folgenden Abschnitten besteht **k e i n** grundsätzlicher Unterschied. Sie alle gehören zu den Tendenzen = überweltlichen Energien. Die dem Sprachgebrauch folgende Unterscheidung in seelische und geistige Antriebe hat nur eine praktische Bedeutung. Geistige Antriebe = Tendenzen entstehen durch oft wiederholte und dadurch zur Gewohnheit gewordene **G e d a n k e n** gänge. Deshalb gehören Gewohnheiten ebenso wie angeborene Charakterzüge zu den reinen Tendenzen-Energien, die auf ein bestimmtes Ziel gerichtet sind und aktiv oder passiv sein können. – Zu ähnlichen Schlussfolgerungen kommt *R. Sheldrake* (29) mit seinem Konzept der «Morphogenetischen Felder».

5.3.2. Ichbetontes Streben ANALOG zu Teilchen-Strahlen

Unter Strahlung versteht man wie bei Licht- und Röntgenstrahlen elektromagnetische W e l l e n, zu denen auch Radiowellen gehören, nur dass ihre Wellen wesentlich länger sind. Neuerdings schreiben die Physiker all diesen Wellen, die den Raum mit Lichtgeschwindigkeit durcheilen, auch körperhafte Eigenschaften zu (masselose Lichtquanten = Photonen). Dagegen bestehen T e i l c h e n -Strahlen aus einem Strom massebehafteter Teilchen wie Atomen und ihren Bestandteilen. Ein R e g e n s c h a u e r bietet ein gutes Gleichnis für Teilchen-Strahlen wie sie die Sonne ununterbrochen in den Weltraum hinausschleudert.

Als Analogie zum unsichtbaren atomaren Teilchen haben wir auf p s y c h o l o g i s c h e r Ebene das Ich, das sich in einer Menschenmasse nur als unbedeutendes Sandkörnchen erlebt. Dieser p a s s i v e Aspekt des Massenmenschen tritt vor allem in den Millionenstädten hervor, deren Bevölkerungsanteil auf der Erde erschreckend zunimmt. Den a k t i v e n Aspekt erlebt der Zivilisierte, wenn er im Strom der Fortschritts-Gläubigen unterwegs ist zu einem imaginären Ziel, das er aber wegen der offenbar gewordenen Verwüstung seines Heimatplaneten nie erreichen wird. Liegt hier nicht das Gleichnis zum Teilchenstrahl nahe?

Das Ich ist keineswegs ein souveränes Zentrum, als das sich auch unbedeutende Personen in glücklichen Augenblicken fühlen. Dazu passt besser das Gleichnis eines unbeständigen Tautropfens mit folgenden drei Untergruppen:

Ich als persönliches Zentrum	a n a l o g	Tautropfen
Erwachen in der Kindheit		Entstehung und Vergrösserung durch Kondensation
schnell wechselnde Aspekte		in der Sonne glitzernd
Auflösung mit irdischem Tod		Verkleinerung und Auflösung durch Verdunstung

[45]

Diese U n b e s t ä n d i g k e i t des Ichs stammt von der Identifikation mit immer neuen Tendenzen [3], die vorübergehend die Bewusstseinsschwelle überschreiten und so gut wie unverändert wieder untertauchen, um anderen Tendenzen Platz zu machen. Das Farbenspiel eines glitzernden Tautropfens widerspricht ebenso wenig seiner relativen Beständigkeit wie die wechselnden Positionen des Ich-Zentrums der «Beständigkeit von Tendenzen» widersprechen, welche die Ursache für das psychologische Schauspiel eines Ich bilden.

Das unsere Zivilisation prägende ich-betonte Streben kann vielerlei Formen annehmen. Ein auffallendes Beispiel bietet der E h r g e i z , den man in den meisten Gesellschaften, wenigstens bei Männern, als gesunde Eigenschaft ansieht. Ihm entspricht auf weiblicher Seite die E i t e l k e i t . Natürlich gibt es auch eitle Männer und ehrgeizige Frauen, da sich alle Charaktermerkmale auf beide Geschlechter verteilen, wenn auch mit unterschiedlicher Häufigkeit. Eine starke Gruppe ich-betonter Eigenschaften lässt sich mit Hochmut, Stolz, Dünkel und ihrem Gegenteil umschreiben. Ein solches I c h - B e w u s s t s e i n mag sich auf Geburt und Besitz, Stand und Titel, Können und Wissen gründen. Bei diesen mehr kollektiven Eigenschaften scheint ein Streben zu fehlen, das jedoch sofort in Erscheinung tritt, wenn Ihre gewohnte gesellschaftliche Stellung in Frage gestellt wird. Es handelt sich also auch hier um Tendenzen.

Bei einer anderen, wohl ebenso verbreiteten Gruppe pflegt man den sozialen Charakter im Gegensatz zu egozentrischen Charakterzügen zu betonen. Zweifellos kann man die unzähligen Formen praktischer N ä c h s t e n l i e b e bis zu weiblicher Opferbereitschaft (für einen Mann) (15) von ihrem Gegenteil unterscheiden. Doch ist es in den meisten Fällen leicht, hinter sozialer Aktivität das p e r s ö n l i c h e Streben zu entdecken, das seine Befriedigung in Anerkennung, stiller Machtausübung und Erfolg sucht. Ein davon unabhängiges *über*persönliches Streben ist äusserst selten, da es ein sehr hohes sittlich-geistiges Niveau voraussetzt.

5.3.3. Bekehrungseifer ANALOG zur Wärme-Strahlung

Mit der Wärmestrahlung ergänzen wir die Analogien zur Verbrennungswärme [35] und Elektrowärme [43]. Jeder glühende Körper strahlt Wärme und Licht aus. Doch ist die Wärmestrahlung schon weit unter 100°C zu spüren, was man sich bei der Deckenheizung zunutze macht. Dabei strahlt die Wärme in den ganzen Raum aus und erwärmt auch den Fussboden, während ein Kaminfeuer vor allem in seiner Nähe wärmt.

Als erster Strahlungsquelle begegnete der Mensch der S o n n e , die im kalten Klima gesucht, ersehnt und vergöttert wurde, während sich Tropenbewohner lieber in den Schatten zurückziehen. Haben Sie als Kind auch mit dem Brennglas gespielt, um ein Stück Papier zu entzünden? Die K o n - z e n t r a t i o n der Sonnenstrahlung durch S p i e g e l - anordnungen wird zunehmend angewendet, seien es einfache

Blechspiegel unter einem indischen Kochtopf oder raffinierte Spiegelfelder zur Erhöhung der Strahlungsintensität auf das 1000-fache, wodurch sich Temperaturen über 3000°C erzielen lassen.

Die Lichtstrahlung ist praktisch unwägbar und erscheint als das Gegenteil aller schweren Materie. Die Strahlung muss deshalb dem höchsten Prinzip des menschlichen Geistes entsprechen, den I d e e n im Sinne *Platons*. Da die Wärme ANALOG zur Liebe ist, können wir die Strahlungswärme der Liebe zu bestimmten Ideen zuordnen. Dazu gehören Personen, die sich mit einer Idee identifizieren und sich gedrängt fühlen, andere Menschen damit zu beglücken: Erfinder, Weltverbesserer, Volksredner, Prediger und Missionare. Ihnen allen ist ein B e k e h r u n g s e i f e r eigen, der sich bis zum Fanatismus steigern kann.

5.3.4. Intellekt, Logik, Spekulation ANALOG zu sichtbarem Licht

Während uns die Sonne fühlbare Wärme und sichtbares Licht zugleich sendet, können wir von Mond und Sternen nur ihr Licht wahrnehmen. Es übt von alters her eine eigentümliche Anziehungskraft auf den M e n s c h e n aus. Ist es nicht sonderbar, dass andererseits den T i e r e n die Erscheinung der Himmelskörper gleichgültig bleibt, selbst wenn sie über ein ausgezeichnetes Beobachtungsvermögen verfügen?

Eine grössere Errungenschaft als das elektrische Licht, mit dem wir heute die Nacht zum Tage machen, dürfte die Erfindung des F e n s t e r g l a s e s gewesen sein. Es erlaubte grössere Fenster, durch die das Tageslicht auch in der kalten

Jahreszeit schien. Vorher musste man die Löcher der Behausung im Winter verstopfen.

Das «Licht der Erkenntnis» weist als Gleichnis darauf hin, dass wir die irdische Welt vor allem durch unsere nach vorn gerichteten Augen erkennen, während sie bei Tieren – mit Ausnahme der Affen – seitlich stehen. Dazu passt unsere «Welt-Anschauung», die sich nicht mit der Tatsache der Objekte begnügt, sondern auch nach dem Wie und Warum fragt. Bei einem Blinden könnte man sinngemäss von «Welt-Anhörung» sprechen.

Die Grundfunktion unseres Denkapparates besteht in der zentralen Verarbeitung der fünf äusseren Sinne, was ähnlich bei vielen Tieren zutreffen dürfte. Dem Menschen vorbehalten bleibt die Bildung von B e g r i f f e n durch «Abziehen» = Abstraktion wesentlicher Merkmale eines primären Sinneseindrucks. Diese Umsetzung der unmittelbaren Anschauung in Begriffe geht beim Erwachsenen vollautomatisch vor sich, während Kleinkinder noch in der Welt der «Bilder» leben. Ihre erste grosse Begriffsbildung besteht in der Benutzung des Wortes «ich», durch das die ganze Welt gespalten wird in Ich und Nicht-Ich = Umwelt. Die oberflächliche Verknüpfung der Begriffe ist Sache des Intellekts, der stets als Handlanger des Ichs auftritt.

Den Glauben an die umfassenden Fähigkeiten des I n t e l l e k t s bezeichnet man als Rationalismus. Seinem Ursprung und seinen gefährlichen Auswirkungen widmet sich der Kernphysiker *Fr. Capra* in seiner «Wendezeit» (16). *Capra* kritisiert nicht nur diese noch weit verbreitete Weltanschauung, sondern weist auch auf umfassendere Denkformen hin, die der Menschheit einen Ausweg aus der gegenwärtigen Sackgasse ermöglichen. – Die L o g i k (Computer-Logik, Mathematik) arbeitet nach strengen Gesetzen, während die S p e k u l a t i o n viel mit Phantasie zu tun hat.

Zum Intellekt bietet das s i c h t b a r e Licht eine gute Analogie, da es uns hauptsächlich die Oberfläche der Dinge zeigt. Dagegen dringen die längeren Wärmestrahlen tiefer ins Gewebe ein, und die viel kürzeren Röntgenstrahlen durchdringen sogar Knochen und Metalle.

5.3.5. Verstand, Verständnis ANALOG zu ultraviolettem Licht

Im Gegensatz zur naturwissenschaftlich ausgerichteten Psychologie, die ihre Erkenntnisse der Beobachtung und dem Experiment verdankt, scheut man sich auf der nächsten Stufe keineswegs, in den ü b e r s i n n l i c h e n Bereich vorzudringen, was Aufgabe der P a r a p s y c h o l o g i e ist. Sie versteht unter Persönlichkeit mehr als die auf das Erdenleben beschränkte Person. Gemäss der Definition

Persönlichkeit = selbstbewusster Teil der Seele
u n a b h ä n g i g vom Körper [33]

ist der Mensch auf der Astralebene (17), wo er v o r seiner Verkörperung weilte und wo er n a c h seinem Abscheiden von hier wieder auftauchen wird, genauso Persönlichkeit wie auf der Erde. Der einzige Unterschied besteht darin, dass der Mensch sich hier z u s ä t z l i c h zum Astralleib ein gröberes irdisches Kleid angelegt hat. Der Astralleib bildet sowohl die Grundlage des seelischen Gefühls als auch der körperlichen Empfindung, die in einer Narkose infolge Trennung des astralen vom irdischen Körper verschwindet.

In diesem Zusammenhang spricht man häufig von den h ö h e r e n S c h w i n g u n g e n feinerer Ebenen, die unsern groben Sinnen verschlossen bleiben. Entsprechend besitzt ultraviolettes Licht eine kürzere Wellenlänge und h ö h e r e E n e r g i e als sichtbares Licht, weshalb es leicht einen Sonnenbrand auf der weissen Haut verursacht. Ferner ermöglicht die ultraviolette Strahlung in der Stratosphäre die Bildung von O z o n (O_3) aus dem gewöhnlichen Luftsauerstoff (O_2). Diese Ozon-Schicht wirkt für alles irdische Leben als wichtiger UV-Filter, dessen vermutete Schädigung durch das Treibgas in Spraydosen heftige Diskussionen auslöste. Nie wird sich der gesunde Menschen v e r s t a n d in solche Sackgassen verlaufen, wie es dem Fachgelehrten und Spezialisten immer wieder geschieht. Im Wort V e r s t ä n d n i s klingen zwischenmenschliche Qualitäten an, die Toleranz ermöglichen. «Ich verstehe» ist vorwiegend Herzenssache, während sich das Begreifen auf den Kopf (Intellekt) bezieht.

5.3.6. Vernunft, Intuition, Erleuchtung ANALOG zu Röntgen-Strahlen

Wenn die elektromagnetischen Strahlen noch kürzer werden, kommen wir zu den Röntgen-Strahlen. Sie haben wegen ihrer Fähigkeit, feste Körper zu durchdringen, in der Medizin und bei der Materialprüfung Eingang gefunden. Sie sind bereits so energiereich, dass der ganze Organismus ohne besondere Vorsichtsmassnahmen Schaden leidet.

Auf der Suche nach Analogien zu den Röntgenstrahlen gehen wir von der Tatsache aus, dass das Licht mit abnehmender Wellenlänge, d.h. zunehmender Frequenz, an D u r c h d r i n g u n g s k r a f t zunimmt. Die Röntgenstrahlen haften sozusagen weniger an der Oberfläche als sichtbares Licht. Der entsprechende seelische Bereich wird sich in der «Tiefe» befinden, während der Intellekt gleichsam die H a u t des menschlichen Geistes darstellt.

Es wurde betont, dass die Persönlichkeit als seelischer Komplex oder Wirkungsfaktor sowohl auf der Erde als auch in der Astralebene besteht. In beiden Daseinsbereichen herrscht die Dualität zwischen Ich und Umwelt. Alle Wesen sind auf andere ä h n l i c h e Wesen angewiesen, mit denen sie friedvoll oder streitvoll v e r k e h r e n können. Die Sinneswerkzeuge dienen bei diesem Austausch als Vermittler, auch wenn es sich um die sogenannte ü b e r sinnliche Wahrnehmung handelt.

Nun bietet uns die Tiefenpsychologie einen Bereich seelischen Wirkens an, der u n t e r der Oberfläche allen persönlichen Lebens verborgen ist. C.G. *Jung* nennt ihn das S e l b s t und ordnet ihm das «kollektive Unbewusste» zu, das bereits anhand der Eisberganalogie [31] beleuchtet wurde. Das Selbst ist u n a b h ä n g i g von allem personhaften und deshalb zur Schaffung einer Vielzahl von Personen befähigt, von denen im irdischen Kleid gewöhnlich nur eine bewusst wird. So können wir das Selbst als eine Kette auffassen, die die verkörperten Personen verbindet.

Wir suchen eine geistige Analogie zur Durchdringungskraft der Röntgenstrahlen, die unsern Körper vor den Augen eines Arztes als durchsichtig erscheinen lassen. Ganz ähnlich werden die von der Dualität der Astralwelt befreiten Wesen in der M e n t a l welt als l i c h t d u r c h l ä s s i g beschrieben, weshalb sie k e i n e n Schatten mehr werfen. Das entspricht psychologisch Persönlichkeiten, die ihren einengenden und verdunkelnden Egoismus überwunden haben. Darüber hinaus werden die Heiligen als s e l b s t l e u c h t e n d , analog zu Sonnen, geschildert, wie man in *Dantes* «Göttlicher Komödie» nachlesen mag. Da sich diese für irdische Augen unsichtbare Leuchtkraft auf das Haupt konzentriert, finden wir sie in vielen Kulturen als Heiligenschein dargestellt.

Mit *Kant* wollen wir «das ganze o b e r e Erkenntnisvermögen» mit V e r n u n f t bezeichnen. Sie hebt sich gegenüber dem oberflächlichen Intellekt ab, da «oberflächlich» im seelisch-geistigen Sinn ANALOG ist zu grobstofflich und n i e d r i g. Die im Titel neben der Vernunft stehende I n t u i t i o n weist auf unsere *irr*ationalen geistigen Kräfte hin, die im Unterbewusstsein (Traum) und Überbewusstsein zu suchen sind, während die R a t i o ähnlich dem Intellekt zum Tages-Bewusstsein gehört – daher der Rationalismus. Zur E r l e u c h t u n g wurden bereits spirituelle Hinweise gegeben.

5.3.7. Erlösung, Erwachung ANALOG zu Gamma- und kosmischen Strahlen

Röntgenstrahlen stammen ebenso wie die längeren Wellen bis zum Infrarot aus der Elektronen h ü l l e der Atome. Dagegen liefert der Atom k e r n, sei es beim natürlichen Zerfall radioaktiver Stoffe oder bei der künstlichen Spaltung eines Uran-Atoms, die wesentlich energiereichere G a m m a -Strahlung. Sie wird noch von der k o s m i s c h e n Strahlung übertroffen, die sogar tief in den Erdboden eindringt und deren Ursprung unbekannt ist. Ihre Energiequanten können aus Zerstrahlungs-Prozessen stammen, die *E. Sänger* (18) anfangs der 60er Jahre als Antriebsprinzip für seine Photonen-Rakete vorschlug. Zerstrahlung heisst physikalisch restlose Auflösung von Masse (Materie) in Strahlungsenergie, während in heutigen Kernkraftwerken (KKW) nur 1‰ des Spaltmaterials in Wärmeenergie verwandelt wird.

Sie mögen vermuten, dass die Zerstrahlung von Materie in «Nichts» ANALOG sei der Auflösung unserer seelisch-geistigen

Daseins-Grundlage. Was sind die U r t r i e b e des Lebens? Nach den Hochreligionen das Begehren von Dingen und das Verlangen nach bestimmten Erlebnissen, oder kurz der L e b e n s - H u n g e r = Daseins-Durst. Während das Ziel der meisten Mystiker in Erleuchtung und der Vereinigung mit Gott = unio mystica besteht, haben einzelne grosse Mystiker wie *Meister Eckhart* die (im theologischen Sinne) ketzerische Forderung aufgestellt: «Gehe über Gott hinaus!» Das entspricht der Forderung des *Buddha*, auch das feinste Verlangen nach göttlichem Dasein aufzulösen und endgültig zu e r w a c h e n – (*Buddha* heisst der Erwachte).

5.4. Vier Tendenzen-Schichten ANALOG zu weiteren Energie-Formen

5.4.1. Überblick

In Tabelle 2 wurde ein erster Überblick der äusserst vielfältigen Tendenzen «als Schöpfungs-Prinzipien» dadurch erzielt, dass die wichtigsten Tendenzen den vier Naturreichen zugeordnet wurden. Eine solche Einteilung mag vom naturwissenschaftlichen Standpunkt nützlich sein, befriedigt aber esoterisch keineswegs. Deshalb hat der Verfasser alle möglichen Tendenzen in vier grosse Gruppen eingeteilt, die sich mehr nach den Daseinsebenen als den irdischen Naturreichen ausrichten.

Gemäss Tabelle 3 nimmt die irdische (einschliesslich der ätherischen) Welt die niederste Stufe ein. Das nächstgelegene Jenseits heisst Astralebene, wo sich die meisten der 60 Milliarden Seelen aufhalten. Sie wird in Indien als Welt des Begehrens bezeichnet, weil die Astralbewohner ihre

Wunschnatur ausleben und sie eine passende Gesellschaft noch weniger als auf der Erde vermissen können. Die Welt der reinen Formen steht denjenigen Menschen offen, die gelernt haben, ihren Denkapparat frei von Wünschen und Verlangen einzusetzen. Nur von den Mystikern aller Glaubensrichtungen gelangen einige in formlose Daseinsebenen – über den Bereichen höchster Göttlichkeit.

Welt, Daseins-Ebene		Haupttendenzen-Schicht	psychologische Stufe	irdische Energieform
formlos (reines Bewusstsein)		mystisch	Individualität	Wellen-Energie
formhaft (strahlende Ideen)		mental	Selbst, Über-Ich	Energie der Lage, Geschwindigkeit
astral (bildsam)	Welten des Begehrens	sozial	Persönlichkeit	chemische und Wärme-Energie
irdisch-ätherisch		materiell	Person, Ich	Energie der inneren Spannung

Tabelle 3: Haupttendenzen-Schichten und irdische Energieformen

Einerseits sind diese vier Hauptebenen übereinander geschichtet wie auf der Erde feste, flüssige und gasförmige Stoffe, andererseits d u r c h d r i n g e n sie sich wie Radiowellen im Raum. Ferner sind diese E b e n e n oder W e l t e n noch stark in sich g e g l i e d e r t, so wie sich irdische Landschaften nach Klima und Vegetation unterscheiden. *Dante* legt seiner «Göttlichen Komödie» die bekannte Dreiteilung in Hölle, Fegefeuer und Himmel zugrunde, die er jeweils noch in leid- und freudvollere Stufen unterteilt. Die entsprechenden T e n d e n z e n beschreibt *Dante* in ANALOGEN äusseren Bedingungen.

Da die heutige Menschheit, vor allem in den Industrieländern, viel mehr irdisch orientiert ist als frühere Generationen, haben sich die m a t e r i e l l e n Tendenzen sehr stark entwickelt. Sie richten sich einerseits auf den eigenen Körper, der bei den Milliarden Ärmsten den einzigen Besitz darstellt. Andererseits hat die Bevölkerungsexplosion mit der parallel gehenden Verstädterung zu einer Bauwut ohnegleichen geführt, die von der Wellblechhütte bis zum Wolkenkratzer reicht. Diese Entwicklung schafft ein Netz von Sachzwängen, unter denen Naturschutz und ökologisches Gewissen viel zu langsam an Boden gewinnen, um der Verwüstung unseres Heimatplaneten Einhalt gebieten zu können. Häufig übersehen wir als wichtigsten Teilaspekt der materiellen Tendenzen die V e r k ö r p e r u n g unserer Seele, ohne die wir nicht ins irdische Dasein hätten treten können.

Während sich die (grob)materiellen Tendenzen auf die irdische Ebene konzentrieren, haben die s o z i a l e n Tendenzen mit ihren extremen Äusserungen Liebe und Hass ihren Schwerpunkt in der Astralebene. Die Astralwesen sind zum Kontakt mit ihrer feinstofflichen Umwelt mit ähnlichen Sinnen wie die irdischen Lebewesen ausgerüstet, und *E. Swedenborg* betonte die Ähnlichkeit gewisser Astralbereiche mit unserer irdischen Umwelt. Wegen dieser Ähnlichkeiten fasste der *Buddha* gewöhnlich beide Bereiche als kama loka = «Welt des Begehrens» zusammen, wobei Begehren mehr umfasst als nur die irdischen und überirdischen Anliegen unserer fünf Sinne.

Die m e n t a l e n Tendenzen der heutigen Menschheit lassen sich nur mit Vorbehalt der formhaften Welt zuordnen, die in Europa meistens als Mental-Ebene bezeichnet wird. Diese Lichtwelt hat nur wenig mit unserer Mentalität = Gedankenwelt zu tun, da unsere Gedanken in der Regel P r o j e k -

t i o n e n , oder im Sinne von *Platons* Höhlengleichnis
S c h a t t e n aus einer höheren Welt sind.

Es ist allgemein anerkannt, dass unsere geistigen Fähigkeiten
erst zum geringsten Teil entwickelt sind. Doch gehen die Bemühungen zur Weckung unserer latenten Fähigkeiten mehr
in die Breite als in Tiefe und Höhe. Das mag anhand des
folgenden G l e i c h n i s s e s zu Sonne und Mond deutlicher
werden:

SONNE	intensive Strahlungsquelle	big o ⎯	Selbst, transzendentales Bewusstsein	platonisches Ideen, leuchtende Strukturen und Wesen
MOND	schwache Reflektion des Sonnenlichts	a n a	Ich-Gedanke, Tages-Bewusstsein	Reflektion der Sinneseindrücke, Intellekt, Wiederholung

[46]

Die S o n n e stellt ein altes Symbol der Gottheit dar, da von
ihrer gewaltigen Strahlkraft alles irdische Leben abhängt. Dagegen r e f l e k t i e r t der M o n d nur einen geringen
Bruchteil des ihn treffenden Sonnenlichts, weshalb wir den
Mond als kalt empfinden. ANALOG dazu reflektiert unser
I n t e l l e k t – als Paradepferd unseres Geistes – die Sinneseindrücke, da «reflektieren» auch im Sinne von nachdenken
gebraucht wird. Insbesondere erzeugt der Intellekt den IchGedanken (ich bin ich) beim Kleinkind und erhält ihn durch
alle Wechselfälle des Lebens bis zum irdischen Tod aufrecht.

Übertriebener E g o i s m u s = Ichhaftigkeit wird allgemein
als schädlich für die Einzelperson wie für die Gesellschaft verworfen. Doch bleiben die subtilen Formen egozentrischer
Haltung selbst den Soziologen und Psychologen verborgen –
abgesehen von den wenigen, die sich tiefere/höhere
Meditationsstufen erarbeitet haben.

Unser Intellekt ist eingebettet im T a g e s -Bewusstsein, während das t r a n s z e n d e n t a l e Bewusstsein über Raum und Zeit, Ich und Umwelt hinausgeht. Ihm entspricht nach Tabelle 3 das Selbst oder Über-Ich. Auf diese beiden Ebenen bezieht sich die berühmte A n a l o g i e f o r m e l des sagenhaften *Hermes Trismegistos*, die meistens so abgekürzt wird:

Wie unten, so oben; wie oben, so unten,

oder in unserer Schreibweise einfach:

oben ANALOG unten [47]

Diese beiden Ebenen wurden im Mittelalter gerne durch Sonne und Mond symbolisiert, wovon [46] nur wenige Analogien nennt. Auf der untersten, grobstofflichen Ebene haben wir die Masse der Weltmenschen, die durch unzählige Wiedergeburten im leidvollen Daseins-Kreislauf herumgewirbelt werden. In der oberen Ebene, Mentalwelt oder in Indien rupa loka = Welt der (leuchtenden) Formen genannt, finden sich die reinen Lichtwesen, deren i n n e r e s G l ü c k während einer Ewigkeit aus innen heraus s t r a h l t . Hier gibt es keinerlei Schatten, was in den mittleren und unteren Astralregionen noch die Regel ist. Schöpferische Erdenmenschen strecken ihre Intuition und Inspiration als Antennen in die Zwischenreiche bis zur Mentalebene empor.

In den folgenden Abschnitten konzentrieren wir uns auf die den Tendenzen entsprechenden Energieformen, mit denen die Strahlungsenergie (des Kapitels 5.3.) ergänzt wird.

5.4.2. Materielle Tendenzen-Schicht ANALOG zur inneren Spannung der Materie

Unter innerer Spannung eines f e s t e n Körpers haben wir Verdrehung und Biegung, Zug und Druck zu verstehen. Bei einem g e b o g e n e n Segelmast z.b. sind Druck- und Zugspannung stets auf entgegengesetzten Seiten des Körpers kombiniert. Ein Bogenschütze verwandelt die Z u g kraft seiner gespannten Sehne in die B e w e g u n g s energie des abgeschossenen Pfeiles. Während die dünnen Spiralfedern einer mechanischen Uhr auf Biegung beansprucht werden, speichert man bei den dickeren Spiralfedern eines Garagentores Energie in der Form von Verdrehung.

Bei G a s e n äussert sich die innere Spannung als Überdruck und Unterdruck (Vakuum). Druckluft spielt zur Energieübertragung und -speicherung auf vielen Gebieten eine Rolle, wie bei den lärmenden Presslufthämmern. Auch im Vakuum steckt Energie, was man bei Melkmaschinen ausnutzt. Obwohl sich W a s s e r viel weniger als Luft komprimieren lässt, enthält es im Verhältnis zum Überdruck Energie, mit der man Turbinen antreibt.

Die Entwicklung des mechanischen E n e r g i e b e g r i f f s konnte von körperlichen Krafterlebnissen ausgehen, wie wir sie als M u s k e l spannung kennen. Ferner können wir Druckluft erzeugen, worauf Glasbläser und Musiker angewiesen sind. Umgekehrt braucht ein Säugling nicht erst zu lernen, wie er sich an der Mutterbrust sättigt. Auch unsere Konstrukteure sind oft dem Vorbild der Natur gefolgt.

Die T i t e l a n a l o g i e lässt gewisse Ähnlichkeiten auf beiden Ebenen erwarten. So kommen die materiellen Tendenzen im Verlangen nach bestimmten Dingen und der Abwehr widerwärtiger Bedingungen zum Ausdruck, was etwa der Zug- und Druckspannung im Material entspricht.

5.4.3. Soziale Tendenzen-Schicht ANALOG zur chemischen und Wärmeenergie

Wir haben die durch V e r b r e n n u n g von Holz und Kohle im Luftsauerstoff entstehende Wärmeenergie ausführlich behandelt. Jedoch sind a l l e chemischen Reaktionen mit einer gewissen «Wärmetönung» verbunden. Viele Reaktionen lassen sich umkehren, wobei gemäss dem Gesetz der Energieerhaltung m i n d e s t e n s die vorher frei gewordene Wärmeenergie wieder aufgebracht werden muss. So benötigen die Pflanzen für ihre Herstellung von Zucker, Stärke und Holz (Kohlehydrate) aus den Verbrennungsprodukten Kohlensäure und Wasser ihre Energie in der Form von Sonnenstrahlung (Photosynthese).

Entsprechend ist es bei Änderungen des A g g r e g a t zustandes. Bei der Verdunstung und Verdampfung von Wasser werden verhältnismässig grosse Wärmemengen gebunden, die bei der Kondensation und bei der Schnee- und Eisbildung wieder frei werden. Aus diesem Grund werden bei Föhnwetter die von Süden über die Alpen dringenden Luftmassen beträchtlich aufgeheizt, und die trockene Luft gewährt eine ausgezeichnete Fernsicht.

Da die chemische Energie durch Reaktionen zwischen Atomen und Molekülen ausgelöst wird, kann sie gut als Analogie zu s o z i a l e n Tendenzen dienen. Die Grundkräfte in der Chemie sind Anziehung und Abstossung, was wir auf menschlicher Ebene bis zu Liebe und Hass erleben. Einer durch Gesetze, Sitten und Gebräuche g e o r d n e t e n Gesellschaft entspricht ein a u s k r i s t a l l i s i e r t e r Körper, wo alle Moleküle ihren festen Platz haben, jedoch innerhalb ihres Spielraumes die unregelmässigen Wärmeschwingungen ausführen. Man spricht hier von Freiheitsgraden, was auch im menschlichen Bereich verständlich ist. Einer c h a o t i -

s c h e n Gesellschaft, wie sie in Zeiten des Umbruchs leicht entsteht, entspricht ein G a s , wo jedes Molekül mit jedem anderen kurz zusammentreffen kann.

5.4.4. Mentale Tendenzen-Schicht ANALOG zur äusseren Energie

Die äussere Energie bezieht sich auf die Lage und Geschwindigkeit eines Körpers. Am auffälligsten ist die B e w e - g u n g s energie, die mit dem Q u a d r a t der Geschwindigkeit wächst. Da schon die Geschwindigkeiten auf Strasse und Schiene bei Zusammenstössen Schrott aus den Fahrzeugen machen, kann man sich leicht die Durchschlagskraft eines Geschosses mit vielfacher Schallgeschwindigkeit vorstellen. In die Erdatmosphäre einfallende Meteoriten zeigen durch ihre Verdampfung die Umwandlung von Bewegungs- in Wärmeenergie an, was bei zurückkehrenden Raumfahrzeugen nur durch technische Kunstgriffe zu beherrschen ist.

Die L a g e energie wird in grossem Massstab beim Wasser ausgenutzt, sei es dass ein höher gelegenes Staubecken zur Verfügung steht oder in einem Fluss künstliche Gefällestufen errichtet werden. Für die Erzeugung von elektrischer Energie durch Turbo-Generatoren muss man die Lageenergie des Wassers vor der Turbine zunächst in B e w e g u n g s energie umwandeln. Dabei entsprechen den Gefällen 4/20/400 m die Geschwindigkeiten 9/20/90 m/s, die auch ein Körper erreichen würde, der diese Höhen frei durchfällt. Als anschauliches Beispiel für die dauernde Umwandlung zwischen Lage- und Geschwindigkeits-Energie haben Sie ein angestossenes Pendel kennengelernt, das im Vakuum bei verlustloser Aufhängung ewig hin und her schwingen könnte und zur Analogie [13] führte (S. 29).

Da die E r h a l t u n g seelischer und irdischer E n e r g i e eine zentrale Bedeutung für uns hat, sei noch ein astronomisches Beispiel erwähnt. Der *Halley*'sche Komet entfernt sich seit seiner grössten Annäherung an die Sonne, die im März 1986 stattfand, auf einer schlanken Ellipsenbahn und wird dabei ständig durch die Anziehungskraft der Sonne verzögert, bis er 38 Jahre später nur noch 1/70 seiner Maximalgeschwindigkeit besitzt und seine Rückkehr zur Sonne beginnt. Dieser Himmelskörper verhält sich also ANALOG zu einem riesigen verlustlosen Pendel.

Beide Formen der äusseren Energie sind r e l a t i v . So besitzt Wasser für uns nur in bezug auf eine bestimmte Höhenlage Energie. Wenn wir uns auf einem Fluss treiben lassen, haben wir dieselbe Geschwindigkeit des Wassers. Seine Strömungsenergie können wir nur vom Land ausnutzen, wie es früher durch Wassermühlen geschah. Diese Relativität der äusseren Energie passt zu den i n t e l l e k t u e l l e n Tendenzen, weil diese im Gegensatz zu höheren Denkqualitäten auf unser Ich b e z o g e n sind. Wie wir gesehen haben, bildet das Ich aber keineswegs einen ruhenden Pol, auf den man sich verlassen könnte, sondern ist eher einem Strohhalm ANALOG, an den sich die ins Dasein geworfenen Menschenseelen klammern, um nicht unterzugehen.

5.4.5. Mystische Tendenzen-Schicht ANALOG zur Wellenenergie

Während sich der Wellencharakter des Lichts nur durch Kunstgriffe nachweisen lässt, können wir Schallschwingungen tiefer Töne als Vibrationen ertasten. Anschaulicher erleben wir das Wesen der W e l l e n e n e r g i e auf dem W a s s e r . Der täuschende Eindruck, als ob sich die ganze

Wassermasse mit der Wellengeschwindigkeit fortbewege, wird von einer schwimmenden Möve widerlegt. Die Wellen laufen unter ihr hindurch und wiegen die Möve gemäss der Wellenhöhe auf und ab.

Dass Wasserwellen auch Energie mit sich führen, beweist die B r a n d u n g , deren Ausnutzung ein dankbares Feld für Erfinder bildet. W o h e r stammt diese Wellenenergie? In der Regel vom Wind, der sie vielleicht in weit entfernten Sturmzentren erzeugt hat. Von dort können Wellen als lange flache Dünung fast unbemerkt Tausende von Kilometern zurücklegen. Ein Tourist mag sich an einem windstillen Tag über die regelmässigen niedrigen Wellen wundern, die sich bei Annäherung an den Strand zur Brandung auftürmen.

Die in Tabelle 3 aufgestellten E n e r g i e f o r m e n wachsen von unten nach oben, wenn man einerseits die Lage- und Geschwindigkeits-Energie auf Raumfahrzeuge, Kometen und Planeten ausdehnt und andererseits unter der Wellenenergie die Gamma-Strahlung gemäss 5.3.7. mitberücksichtigt. Diese R a n g o r d n u n g entspricht der Hierarchie der Daseinsebenen mit ihren Bewohnern und den vier Haupttendenzen-Schichten, an deren Spitze die mystischen Tendenzen stehen.

Da ein Mystiker über unsere Raum-Zeit-Welt hinausgeht (sie transzendiert) und seinen Ich-Käfig zeitweise verlässt, schwindet ihm mit seinen sechs Sinnen (einschliesslich des Denkens) auch die Umwelt. In seinem Überbewusstsein unsagbaren Glücks bleibt nichts Persönliches zurück, obwohl sich seine Individualität reiner entfaltet als bei uns Erdenbürgern. Die dahinter stehenden m y s t i s c h e n T e n d e n z e n überwiegen seine niederen Tendenzen (materielle, soziale, mentale) mehr und mehr. Bei einem grossen Mystiker, wie *Meister Eckhart* u.a., lösen sich diese niederen

Tendenzen noch während seines Erdenlebens vollständig auf. Er lebt Tag und Nacht mit der Gottheit vereint, wie immer seine bürgerliche Stellung sein mag.

6. Verkörperung und Wieder-Verkörperung

6.1. Verkörperung der Seele ANALOG zum Hausbau

6.1.1. Überblick

Obwohl es schwierig ist, zwischen einem Haus und dem menschlichen Körper Ähnlichkeiten zu finden, sind Person und Haus streng A N A L O G. Der Verfasser hat diese vollständige Analogie als erste umfassende Anwendung der Analogie-Gesetze 1972 veröffentlicht (19). Von diesen Ergebnissen interessieren wir uns hier für die E n t s t e h u n g der beiden Gebilde, irdischer Körper und Haus, da die bekannten Schritte zur Errichtung eines Hauses tiefere Einblicke in die Körper-Seele-Beziehung ermöglichen. Damit folgen wir dem Beispiel der Eingeweihten, von den naheliegenden irdischen Dingen auf die scheinbar unzugänglichen seelisch-geistigen Qualitäten und die Gesetze der höheren Welten zu schliessen.

Der moderne Mensch hat sich durch die erstaunlichen Ergebnisse der biologischen Forschung zum Glauben verleiten lassen, damit seien alle menschlichen Rätsel grundsätzlich gelöst – wenigstens im Bereich seiner irdischen Existenz. Doch bleiben auch heute noch wesentliche F r a g e n offen:

1. Denken wir nur an die sogenannten Z u f a l l s - G e - s c h w i s t e r : die ziemlich häufigen und grossen Unterschiede zwischen Geschwistern nicht nur in körperlicher, sondern mehr noch in seelisch-geistiger Beziehung.

2. Wieso können sich eineiige Z w i l l i n g e (20), denen körperlich identische Baupläne zu Grunde liegen, in ihrem Schicksal so deutlich unterscheiden wie fremde Personen? Obwohl man in der Regel unter eineiigen Zwillingen grosse Ähnlichkeiten und viele Parallelen ihres

Lebensweges findet, genügt eine einzige Ausnahme, um die materialistische These von der rein irdischen Bedingtheit des Menschen (einschliesslich biologischer Vererbung und Milieu) zu Fall zu bringen.
3. Warum erzielt man bei der **künstlichen Befruchtung** des Menschen, der angeblich nur ein «nackter Affe ist», viel geringere Erfolge als in der Tierzucht? Bei Ehepaaren wird eine Erfolgsquote von 10% angegeben. Bei der weit verbreiteten künstlichen Besamung von Kühen erreicht man über 60%.
4. Wer oder was s t e u e r t die Kombination der elterlichen Gene bei der **Zeugung** – ein Vorgang mit unendlich vielen Kombinationsmöglichkeiten? Gibt sich der Leser mit der stets passenden Antwort «Zufall» zufrieden?

6.1.2. Drei grundlegende Faktoren

Entgegen den vereinzelten Materialisten seiner Zeit betonte der *Buddha*, dass es **drei** Faktoren für die Zeugung eines Kindes brauche: die Mutter, wenn sie ihre Zeit hat, den Vater und den **geistigen Keim**. Dieser Keim bezeichnet die ins Dasein drängende **Seele** des Kindes mit all ihren innewohnenden Tendenzen, die die Seele aus ihren früheren Verkörperungen mitbringt. Wir stellen sie den entsprechenden drei Faktoren beim Hausbau gegenüber:

Verkörperung/Zeugung		Hausbau	
sich verkörpernde Seele	analog	Bauherr	
Vater		Architekt	
Mutter		Bauunternehmung	[48]

Mit B a u h e r r n bezeichnet man eine Person oder Institution, die im Begriff ist, ein bestimmtes Gebäude zu errichten. Der A r c h i t e k t arbeitet gemäss den Vorstellungen des Bauherrn ein allgemeines Projekt und dann die Detailpläne aus; er verhandelt mit den Behörden und holt günstige Angebote von der B a u i n d u s t r i e ein.

Betrachten wir die drei Analogien im einzelnen. Das den Rohbau erstellende B a u g e s c h ä f t liefert weitaus das meiste Material zum Bauplatz, was der werdenden M u t t e r entspricht. Die Schwangere muss sogar dem Keim die gesamte Nahrung (einschliesslich Sauerstoff) durch die Nabelschnur zuführen. Demgegenüber erscheint die biologische Aufgabe des V a t e r s gering, da er nur die Samenzellen zur Befruchtung des weiblichen Eies beiträgt. Jedoch hat der Vater wesentliches zum Unterhalt von Mutter und Kind zu leisten. Dieser Aufgabe entspricht auf Seiten des Hausbaus der A r c h i t e k t , der für termingerechten Ablauf aller Arbeiten und für ihre ordentliche Durchführung sorgt. Da von ihm die Baupläne stammen, hat der Architekt eine grosse Verantwortung für das Gelingen des Werkes, und das heisst zur Jahrzehnte langen Zufriedenheit des B a u h e r r n . Ohne dessen Energie und Ausdauer, und ohne seine Finanzkraft wäre gar nichts in Gang gekommen. Dem entspricht der Daseinsdurst der S e e l e , ihr Drang zur Verkörperung, der schliesslich alle irdischen Hindernisse überwindet.

6.1.3. Analogien zur Zeugung

Noch bevor die Eltern an den Empfang eines Kindes denken, ist die betreffende Seele von der S e h n s u c h t nach i r - d i s c h e n Gefilden erfüllt und bereit, die damit verbundenen Schwierigkeiten und Prüfungen auf sich zu nehmen, obwohl die Verkörperung von der Seele ähnlich einer Einkerkerung erlebt wird. Die Hauptstationen ihres bevorstehenden irdischen S c h i c k s a l s sind der Seele noch bewusst, solange sie sich im Jenseits aufhält. Doch bringt der Abstieg der Seele in dichtere Ebenen eine Verdunkelung dieses Bewusstseins mit sich, und im Zwischenreich passt sie sich immer mehr den einschränkenden irdischen Gesetzen an.

Was ist bei g e s u n d e n Ehepaaren, die regelmässig geschlechtlich miteinander verkehren, der Grund für f e h - l e n d e n N a c h w u c h s ? Diese Frage kann die Medizin nicht beantworten, da sie die Seele als dritten Faktor nicht kennt, nicht anerkennen will. Gemäss [48] ist diese Frage leicht zu beantworten: solche Ehepaare bleiben unfruchtbar, weil sich bei ihnen k e i n e Kinderseele einfindet. Dieses k a r m i s c h e Hindernis ist immerhin so häufig, dass in den reichen Ländern zu wenig Kinder zur Adoption zur Verfügung stehen. Deshalb holen sich weisse Frauen immer häufiger dunkle Säuglinge aus armen Ländern zur Adoption, etwa aus Sri Lanka.

Unfruchtbare Ehepaare entsprechen auf Seiten des H a u s - b a u e s Verhandlungen zwischen Architekt und Baugeschäft, ohne dass sich ein Bauherr für ihr Angebot interessiert. Der Kinderreichtum armer Länder beweist, dass im Jenseits (Astralebene) viele Seelen für ein materiell weniger glückliches Erdenleben bereit sind, um ihren seelisch-geistigen Schuldenberg abzuverdienen.

Zum kindlichen Karma mag ein harmonisches oder disharmonisches Verhältnis zu Eltern und Geschwistern gehören, da Liebe und Hass den Tod überdauern (12). Für die Eltern ist es wichtig, sich frühzeitig mit der I n d i v i d u a l i t ä t der Kinderseele vertraut zu machen, die nicht in irgend ein Erziehungsschema gepresst werden darf. Jedes Kind hat das Recht, sich innerhalb des familiären und kulturellen Rahmens frei zu entfalten. Doch oft genug werden Kinder zu leiblichen oder seelisch-geistigen S k l a v e n erzogen und als solche missbraucht.

Die vorher gestellte Frage, wer oder was die G e n - A u s w a h l zwischen Mutter und Vater bestimmt, lässt sich jetzt vom Esoterischen leicht beantworten: die Seele sucht sich aus dem biologischen Material beider Eltern das aus, was ihrem Tendenzen-Haushalt und karmischen Erbe am besten entspricht. Das braucht Sie nicht zu verwundern, da die sich verkörpernde Seele gemäss [48] dem Bauherrn entspricht und dieser seine Vorstellungen und Wünsche im Rahmen seiner Möglichkeiten als Neubau zu verwirklichen sucht. Dabei können wir drei Schritte unterscheiden:

sich verkörpernde Seele		Bauherr
Tendenzen-Haushalt = Triebstruktur	analog	Vorstellungen über geplantes Haus
Auswahl geeigneten Elternpaares		Auswahl von Architekt und Baugeschäft
Kombination der elterlichen Gene		Gestaltung der Baupläne im einzelnen [49]

Wie die biologischen Bedingungen der Zeugung den Vorbereitungen zum Hausbau im einzelnen entsprechen, zeigt die folgende Formel:

biologische Bedingungen der Zeugung	analogio	Vorbereitungen zum Hausbau
empfangsbereiter weiblicher Organismus		Grundstück als Bauland
Gebärmutter		Standort für das Haus
Vereinigung von Ei-Zelle und Samen		erste Skizzen vom Architekten
Kombination der elterlichen Gene	analogio	Vertrag Architekt – Bauherr
Wanderung des befruchteten Eies nach unten		Auftrag an das Baugeschäft
Einnisten des Eies in der Gebärmutter		Baubeginn (Grundsteinlegung) [50]

Wenn dem w e i b l i c h e n Organismus ein grösseres Stück B a u l a n d entspricht, können wir auf diesem den S t a n d o r t des geplanten Hauses der G e b ä r m u t t e r zuordnen. An dritter Stelle steht die V e r e i n i g u n g der mütterlichen Eizelle mit dem väterlichen Samen, sei es auf natürliche Weise oder als künstliche Befruchtung. Als Entsprechung nennt [50] erste S k i z z e n, die zwischen Bauherrn und Architekten diskutiert werden. In der Regel führen diese noch unverbindlichen Verhandlungen zum V e r t r a g des Bauherrn mit dem Architekten, wodurch dessen Pflichten und Rechte umschrieben sind.

Die W a n d e r u n g des befruchteten Eies nach unten in die G e b ä r m u t t e r entspricht nach unserer Analogietabelle dem A u f t r a g an das B a u g e s c h ä f t. Der Leser beachte das Gleichnis dieses A b s t i e g s zur Verdichtung der Seele, die aus einer feineren und entsprechend höheren Ebene zur gröbsten aller Ebenen niederkommt. Daher die N i e -

d e r k u n f t der Schwangeren bei der späteren Geburt, womit die Einkleidung und Verdunkelung der Seele abgeschlossen ist. Mit der Kombination der elterlichen Gene hat die Kinderseele ihren neuen Informations-Träger ,der sich in der Gebärmutter e i n n i s t e n und mit dem Wachstum beginnen kann. Das entspricht dem B a u b e g i n n , was bei öffentlichen Gebäuden mit der Grundsteinlegung gefeiert wird.

6.1.4. Analogien zu Schwangerschaft und Geburt

Das durch Zellteilung erfolgende W a c h s t u m des Keimes im Mutterleib umfasst von der befruchteten Eizelle bis zur Geburt rund 40 Verdoppelungsschritte. Das ist eine enorme Vergrösserung, da eine zehnmalige Verdoppelung bereits den Faktor 1000 ergibt. Andererseits wird auf einem B a u p l a t z vor Erstellung des Fundamentes die Grösse des Grundrisses markiert. Das Haus wächst dann nur noch in die Höhe, bis es nach Beendigung des Rohbaues seine volle Grösse erreicht hat, aber noch lange nicht bewohnbar ist. Die E n t s t e h u n g unseres Körpers verläuft also ganz u n ä h n l i c h einem Hause, so wie auch die fertigen Gebilde Person und Haus kaum Ähnlichkeiten besitzen. Dennoch stehen Person und Haus in einem engen A n a l o g i e -Verhältnis.

Seit den 60-er Jahren zeigt die Wissenschaft ein zunehmendes Interesse für die B e z i e h u n g des werdendes K i n d e s , vor allem ab sechsten Monat, zu seinen E l t e r n . Während man sich anfangs auf den körperlichen und seelischen Einfluss der Mutter konzentrierte, weiss man inzwischen, dass der Embryo ebenfalls auf das Verhalten des Vaters reagiert. Eine wesentliche Frage lautet, ob Vater und Mutter die zu erwartende Geburt begrüssen oder verhindern wollen.

Wenn hierüber Uneinigkeit herrscht, wird die disharmonische Atmosphäre zwischen den Ehegatten die Entwicklung des Keimes stören. Jeder Stimmungsumschwung der Mutter überträgt sich unmittelbar auf das Kind, das «unter ihrem Herzen wächst» – ein Ausdruck, der körperlich und im übertragenen Sinne zu verstehen ist. Umgekehrt beeinflusst nach dem Wechselwirkungs-Gesetz auch die Seele des Kindes die Mutter, wie die aussergewöhnlichen Launen und Gelüste vieler Schwangeren beweisen.

Was entspricht diesen Beziehungen auf Seiten des H a u s - b a u e s ? Aus der Grundanalogie [48] ist folgendes zu schliessen:

| Neigung der Mutter für das werdende Kind | ANALOG | Interesse des Baugeschäfts für den Neubau | [51] |

Bei einer harmonischen Beziehung zwischen den Ehegatten erwarten wir

| eheliche Liebe | ANALOG | harmonische Zusammenarbeit zwischen Baugeschäft und Architekt | [52] |

Die oft gestellte Frage nach Fortsetzung der e h e l i c h e n L i e b e während der Schwangerschaft lässt sich ebenfalls analogisch beantworten. Sofern Sex der Ausdruck von Liebe ist (einer seelisch-geistigen Tendenz), gehört er zur ehelichen Liebe gemäss [52]. Je nach der psychologischen Konstellation in der Familie wird ein Geschlechtsverkehr bis in die späten Monate der Schwangerschaft von Mutter und Kind (der Seele des Embryos) geduldet oder sogar ersehnt. Wenn aber Sex nur körperliche Gier bei mangelnder Liebe bedeutet, dürfte er Mutter und Kind belasten. Das entspräche im Gegensatz zu [52] disharmonischen Beziehungen zwischen den drei grundlegenden Faktoren in [48] – ungünstige Voraussetzungen für die Geburt und weitere Zukunft des Kindes.

Allgemein gilt die Analogie:

| vorgeburtliche Erziehung beeinflusst das ganze spätere Leben des Kindes | ANALOG | Sorgfalt der Bauausführung beeinflusst die spätere Wohnqualität des Bauherrn [53] |

Dieser Zusammenhang gilt nicht nur für eine planmässige vorgeburtliche E r z i e h u n g im Lichte der elterlichen Verantwortung, sondern ebenso für die zufälligen und häufig negativen psychologisch-sozialen Bedingungen der Schwangerschaft.

Nach unseren bisherigen Analogien muss dem A b s t i e g der Seele aus dem Jenseits zu ihrer irdischen Verkörperung der Umzug des Bauherrn entsprechen. Dabei lassen sich folgende Schritte unterscheiden:

Abstieg der Seele		Umzug des Bauherrn
Aufenthalt der Seele im Jenseits (von der Erde aus unsichtbar)	analog	bisheriger Wohnort (am neuen Wohnort noch unbekannt)
Besuch der Seele bei der Mutter	analog	Besuch auf dem Bauplatz
leibliche Geburt		Einzug ins Haus
Gewicht des Neugeborenen		Grösse des Hauses [54]

Die Seele, die sich mit ihrem Äther- und Astralleib bisher im Jenseits aufgehalten hat, ist von der Erde aus unsichtbar. Jedoch gibt es hellsichtige Personen, welche die Seele während ihrer Besuche bei der werdenden Mutter wahrnehmen können. Die Häufigkeit dieser Besuche ist ganz verschieden, so wie auch der Bauherr, je nach seinen Möglichkeiten und seinem Interesse seltener oder häufiger auf dem Bauplatz erscheinen wird. Wenn der Neubau sehr weit entfernt von seinem alten Wohnsitz liegt, muss er sich weitgehend auf seinen Architekten verlassen. Dieser seltene Fall entspricht gemäss [28] einer Seele, die aus einer höheren, feineren Sphäre zur Erde kommt.

Bei der zweitletzten Zeile von [54] lassen sich noch drei Fälle unterscheiden, die leicht einzusehen sind:

leibliche Geburt	analog	Einzug ins Haus
erwünschte Geburt in der Familie		gutes Einvernehmen mit den Nachbarn
normale Geburt (9 Monate)		Einzug ins f e r t i g e Haus
Frühgeburt		vorzeitiger Einzug [55]

Es gibt mancherlei schwierige Umstände einer Geburt. Denken wir nur an eine uneheliche Geburt, die früher für Mutter und Kind ein höllisches Schicksal bedeuten konnte, während es in unserer aufgeklärten Gesellschaft nur noch von untergeordneter Bedeutung ist. Auf der andern Seite weiss ein Bauherr, der sich selbst ein Haus mit beschränkten Mitteln gebaut hat, ein Lied von Schwierigkeiten und Enttäuschungen zu singen – abgesehen von beträchtlicher Kostenüberschreitung. Die betreffenden zahlreichen Gleichnisse seien Ihrer Findigkeit überlassen!

6.2. Kreislauf der Seele ANALOG zu Jahr und Tag

6.2.1. Ähnlichkeiten zwischen Jahr und Tag

Als Bewohner(in) mittlerer Breiten sind Ihnen gewisse Ähnlichkeiten zwischen Jahres- und Tageslauf selbstverständlich. So spiegelt sich der Gegensatz zwischen Tag(hälfte) und Nacht im Verhältnis zwischen Sommer und Winter. Das ist im hohen Norden besonders deutlich, wo die Mitternachts-Sonne einen sehr hellen Sommer hervorzaubert, welcher der Taghälfte ähnelt. Umgekehrt geht dort im Winter die Sonne eine zeitlang gar nicht mehr auf, weshalb man von einer sehr langen Nacht spricht.

Die Pflanzenwelt folgt streng den Jahreszeiten gemäss

    Sommer   Wachstum, Vermehrung
    Winter   ANALOG   Ruhe, Erholung,   [56]

was bei Tier und Mensch (von Ausnahmen abgesehen) dem Tagesrhythmus entspricht:

    Taghälfte   Aktivität, Wachstum, Wachzustand
    Nacht   ANALOG   Passivität, Ruhe, Schlaf   [57]

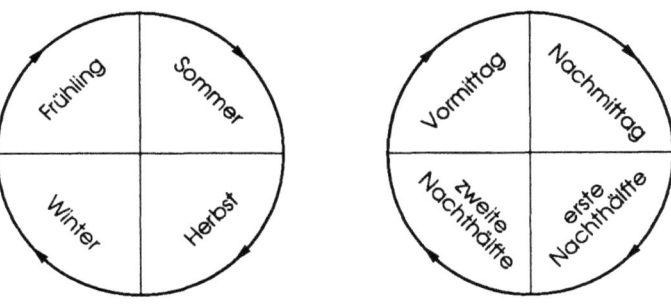

Bild 1: Jahreslauf ähnlich dem Tageslauf

Der periodische Verlauf von Jahr und Tag legt es nahe, ihre einzelnen Abschnitte einander zuzuordnen, wobei wir die übliche Vierteilung anwenden. Die Ähnlichkeit der Z e i t a b - s c h n i t t e lautet:

Jahr		Tag
Frühling	o	Vormittag
Sommer	1 a	Nachmittag
Herbst	n a l o g	erste Nachthälfte
Winter	a	zweite Nachthälfte [58]

Während sich die Länge der vier Jahreszeiten astronomisch nur wenig unterscheidet, wurden die Verschiebungen von Nacht und Taghälfte schon erwähnt, die in den Polarregionen beträchtlich sind und am Äquator fast verschwinden. Insofern bildet die symmetrische Kreisteilung in Bild 1 rechts nur ein vereinfachtes Schema.

Wie lauten die [58] entsprechenden Z e i t p u n k t e ? Sie lassen sich aus Bild 1 leicht ablesen:

Jahr		Tag
Frühlingsanfang	o	Sonnenaufgang
Sommeranfang	1 a	Mittag
Herbstanfang	n a l o g	Sonnenuntergang
Winteranfang	a	Mitternacht [59]

Die vier Zeitabschnitte der Analogie [58] stellen ein Gerüst dar, das die Meteorologie durch den typischen Verlauf der W i t t e r u n g s elemente ausfüllen mag. Je nach der betreffenden Gegend werden der mittlere Jahres- und Tageslauf mehr oder weniger ähnlich sein. Sie können die ausführlichen Formeln [58] und [59] durch

Jahr ANALOG Tag [60]

zusammenfassen, von der die vorhergehenden Untergruppen bilden.

Dem zivilisierten Menschen fällt heute die Vorstellung von der sich im Weltraum drehenden Erdkugel leicht. Er findet es einleuchtend, dass der Tageshälfte b e i   i h m die Nachthälfte auf der a n d e r e n   S e i t e entspricht, wo sich die Länder und Meere im Erdschatten befinden. Wenn die Sonne bei uns a u f geht, muss sie gleichzeitig am entgegengesetzten Punkt u n t e r gehen. Wenn auf der Nordhalbkugel Frühling ist, haben die Bewohner der Südhälfte Herbst.

Die in Bild 1 gegenüberliegenden Felder bilden also nicht nur n a c h e i n a n d e r ablaufende Zeitabschnitte, sondern sie herrschen g l e i c h z e i t i g, allerdings in e n t g e g e n gesetzten Gebieten der Erde: eine bemerkenswerte Koppelung von Raum und Zeit! Wenn Sie sich die Mühe nehmen, die zwei Paare der Tagesabschnitte und die zwei Paare der Jahreszeiten aus [58] gesondert hinzuschreiben, wird sich Ihnen der polare Charakter aller Erscheinungen tiefer einprägen und Ihren Sinn für die K e h r s e i t e der M e d a i l l e schärfen.

6.2.2. Periodischer Charakter des Menschenlebens

Wir haben gesehen, dass der irdische Tod einen kurzfristigen Ü b e r g a n g bildet, wozu eine sich öffnende T ü r als Gleichnis dienen möge – k u r z f r i s t i g im Verhältnis zu seelisch-geistigen Wandlungen. Wenn wir die grobstoffliche, irdische Ebene mit e i n e m Zimmer, und die feinstoffliche, astrale Ebene mit einem N a c h b a r zimmer vergleichen, zwischen denen eine Person, analog zu einer Seele, hin und her geht, haben wir folgende anschauliche Analogie:

Diesseits:	irdische Geburt	analog	Eintritt in Zimmer
	irdischer Tod		Austritt aus Zimmer
Jenseits:	astrale Geburt		Eintritt ins Nachbarzimmer
	astraler Tod		Austritt aus Nachbarzimmer

[61]

Da die T ü r zwischen den Zimmern k e i n e n P l a t z zum Stehenbleiben bietet, bewegt sich eine Person schnell hindurch und schliesst alsbald wieder hinter sich. So ist in der Regel auch die «Tür» zwischen irdischer und astraler Welt – Diesseits und Jenseits – geschlossen. Doch wächst die Zahl der hellsichtigen und hellhörenden Personen ständig, für welche sich die Tür zum Jenseits l e i c h t ö f f n e t. Das ist auch die Aufgabe der Medien.

Geburt und Tod stehen im Verhältnis einer K e h r s e i t e. Es sind die beiden Aspekte desselben Vorgangs, nur von entgegengesetzten Seiten aus gesehen, so wie in [61] das Hereinkommen und Hinausgehen. Diese Kehrseite lässt sich durch folgendes Schema darstellen:

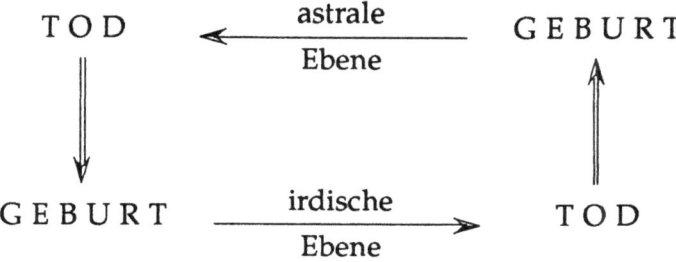

Tabelle 4: *Beziehungen zwischen Tod und Geburt*

Da Tod und Geburt untrennbar zusammen gehören, merken wir uns:

> irscher Tod = astrale Geburt
> irdische Geburt = astraler Tod. [62]

Eine Veranschaulichung findet diese Kehrseite in der w e l - l e n förmigen Darstellung des Menschenlebens gemäss Bild 2:

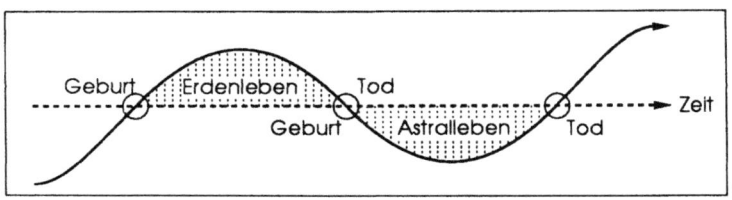

Bild 2: Wellenförmige Darstellung des Menschenlebens

Von unserm irdischen Standpunkt entspricht dem Kurventeil über der Zeitachse unser Erdenleben in Fleisch und Blut. Unter der Zeitachse haben wir den Bereich der Astralleben, was den irdischen Sinnen verschlossen ist. Wenn Sie die Achse nach rechts mit mehreren Erdenleben verlängern, bekommen Sie eine Vorstellung von der S t e t i g k e i t der menschlichen Seele als Tendenzen-Geflecht durch die Reihe der Verkörperungen, die wechseln wie die Masken eines Schauspielers.

6.2.3. Kreislauf der Seele ANALOG zu den Zeitperioden

Bild 2 entspricht der abendländischen Anschauung vom unbegrenzten Fortschritt, während im Morgenland der k r e i s e n d e Charakter allen Lebens überwiegt. Jedoch ist im Sinne der Mathematik die Wellenlinie (Sinus-funktion) von Bild 2 den durch Pfeilen angedeuteten Kreisbewegungen von Bild 1 g l e i c h w e r t i g . Um der kreisenden Bewegung des Menschenlebens näherzukommen, sollen die beiden schraffierten Flächen von Bild 2 über und unter der Zeitachse zunächst getrennt als Halbkreise in Bild 3 dargestellt werden.

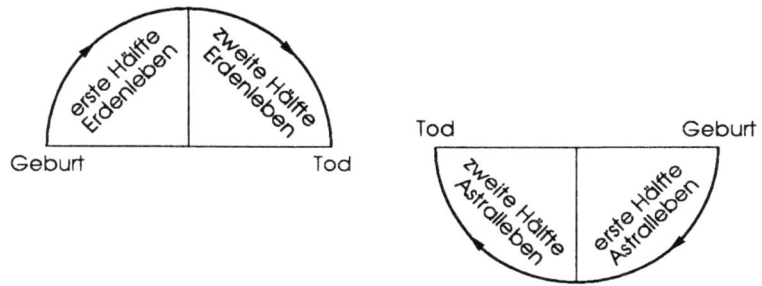

Bild 3: die beiden Halbkreise des Menschenlebens

Wenn wir von hier das Erdenleben mit der Taghälfte von Bild 1 rechts in Verbindung bringen, gelten offensichtlich folgende Analogien:

Taghälfte		Erdenleben
Sonnenaufgang	o	Geburt
Vormittag	—	erste Hälfte Erdenleben
Sonne im Zenit	a	Lebensmitte
Nachmittag	n	zweite Hälfte Erdenleben
Sonnenuntergang	a	Tod [63]

Manche Naturvölker glauben, dass die Sonne jeden Morgen neu geboren wird, was sich ANALOGISCH genauer begründen lässt:

Phasen des Sonnenaufgangs		Phasen der Geburt
Dämmerung (Verblassen der Sterne)	o	Schwangerschaft
Morgenrot	l	Geburtswehen
Auftauchen der Sonnenscheibe über dem Horizont	a n	eigentlicher Geburtsvorgang
zunehmende Wärme und Helligkeit	a	Wachstum des Säuglings

[64]

Obwohl sich hiervon nicht alle Untergruppen umkehren lassen, bestehen auch Ähnlichkeiten zwischen Tod und Sonnenuntergang:

Phasen des Sonnenuntergangs		Phasen der Todes
abnehmende Wärme und Helligkeit	g o	leiblicher Verfall, Nachlassen irdischer Interessen
Untertauchen der Sonnenscheibe	l a	Schliessen der irdischen Sinne (Tod)
Abendrot	n	Ehrung des Abgeschiedenen
Auftauchen der Sonne am Gegenpol	a	Öffnen der astralen Sinne (Auferstehung)

[65]

Beim Sterben überschneiden sich häufig das Schliessen der irdischen und das Öffnen der astralen S i n n e. Das ersieht man daraus, dass die abscheidende Person früher «Heimgegangene» wiedererkennt und sich darüber zu den irdischen Angehörigen an ihrem Sterbelager äussert. In der Regel werden die Seelen «auf der anderen Seite» erwartet und begrüsst, analog zu Freunden, die nach längerer Zeit aus der Fremde in ihre irdische Heimat zurückkehren.

Während sich der Weltmensch immer mehr von seiner seelischen Innenwelt entfernt und sein Trachten auf die irdische, grobsinnliche äussere Welt richtet, geschieht es mit den von der Erde Abgeschiedenen umgekehrt, wenn wir von krassen Materialisten absehen. Die Astralwelt wird mit einer ä h n l i c h e n Leiblichkeit wie auf der Erde mit allen Sinnesorganen als Kontinuum erlebt, und die irdische Welt e n t s c h w i n d e t dem Bewusstsein der Jenseitigen langsam als unwirklicher T r a u m. So ist alles relativ! Wir sind jetzt in der Lage, die Analogie [63] durch die Nachthälfte zu ergänzen:

Nacht	g	Astralleben
Sonnenuntergang	o	irdischer Tod
erste Nachthälfte	l	erste Hälfte Astralleben
Mitternacht	a	Höhepunkt des Astrallebens
zweite Nachthälfte	n	zweite Hälfte Astralleben
Sonnenaufgang	a	irdische Geburt [66]

Wir erinnern uns, dass der irdische Tod = astrale Geburt und die irdische Geburt = astraler Tod bedeutet [62], da beide nur verschiedene Anblicke desselben Vorgangs sind.

So wie die Grundgesetze der Natur e i n f a c h und zum Teil von erhabener Schönheit sind, dürfen wir auch auf die Einfachheit der psychologischen und spirituellen Grundgesetze vertrauen. Wir fügen deshalb die beiden Halbkreise von Bild 3 als Tag- und Nachtseite des Menschenlebens zu einem g a n z e n Kreis zusammen. Dieser ist jetzt ANALOG zu einem vollen Tag, den wir in Bild 1 als Kreis dargestellt haben. Beide können Sie zur übergeordneten Analogie

Tag (24 Stunden) ANALOG Menschleben
(irdisch und astral) [67]
zusammenfassen.

Unter Mithilfe der gefundenen Ähnlichkeit zwischen den beiden Perioden

Jahr ANALOG Tag [68]

dürfen Sie nach dem ersten Ähnlichkeits- und Analogie-Gesetz die beiden letzten Formeln zu einer Kette vereinigen:

Jahr ANALOG Tag ANALOG Menschenleben. [69]

Diese ANALOGISCHE Operation entspricht in der M a t h e m a t i k dem bekannten Satz:

Wenn die Grössen $a = b$ und $b = c$ gleich sind, so gilt auch $a = b = c$, also $a = c$. In unserm Falle folgt aus [69] sofort, dass auch der Jahreslauf dem Menschenleben entspricht:

Jahr ANALOG Menschenleben. [70]

Das Wissen um die Wieder-Verkörperung = Wieder-Geburt findet sich bei allen Naturvölkern. Es war vor 2000 Jahren auch im Mittelmeerraum allgemein verbreitet, ebenso bei den Israeliten und ersten Christen. Jedoch verdammten ehrgeizige Theologen in den Jahren 543 und 553 in Konstantinopel die Reinkarnations-Lehre als Irrlehre und versuchten sie aus dem christlichen Glaubensgut zu vertilgen – was ihnen bis auf einige übersehene Stellen auch gelang. Das hierauf errichtete Dogmengebäude darf als Ursache für den heutigen Priestermangel und massenhaften Austritt der Gläubigen angesehen werden. Wer sich für diesen Teil der Kirchen-Geschichte interessiert, sei auf die kritischen Untersuchungen von *H. Bauer* (28) unter dem Titel «Wiedergeburt – Du warst schon öfters auf dieser Erde, Du wirst wiederkommen» verwiesen.

7. Unsterblichkeit der Seele als Tendenzen-Geflecht

7.1. Das Gesetz der Massen- und der Energie-Erhaltung

Im Abschnitt 4.2. haben Sie gesehen, dass die «Beständigkeit von Tendenzen ANALOG ist zur Trägheit von Massen». Diese qualitative Beziehung lässt sich auch quantitativ begründen, da im Rahmen der klassischen P h y s i k uneingeschränkt das Prinzip der Massenerhaltung herrschte:

Die Gesamtmasse eines abgeschlossenen Systems bleibt erhalten. [71]

Das leuchtet insofern ein, als durch die A b s c h l i e s s u n g eines bestimmten Systems von Massen weder Massenteile herauskommen, noch neue hineingelangen können. Die Kunst besteht nur darin, ein System wirklich 100%ig abzuschliessen.

Eine sehr gute Annäherung an diesen Zustand bietet unser P l a n e t   E r d e , der frei im praktisch leeren Weltraum schwebt. Abgesehen vom dauernden Meteoriten-Zustrom könnten wir die Erdmasse theoretisch als konstant betrachten, ohne dass geologische Katastrophen wie Eiszeit, Polsprung und Sintflut irgend etwas daran änderten. Die Erde dürfte sich ausdehnen oder schrumpfen, ihre Tagesdauer beträchtlich verlängern, die chemische Zusammensetzung der Atmosphäre grundlegend ändern, Tiere und Pflanzen aussterben – die Gesamtmasse des Planeten wäre immer noch dieselbe.

Ein   C h e m i k e r   wendet das globale Gesetz [71] auch auf die an einer Reaktion beteiligten Bestandteile an. Solange Kernreaktionen auszuschliessen sind, bleibt die Masse jedes Elementes vor und nach einer Reaktion dieselbe. Das kommt sehr schön in den Reaktions g l e i c h u n g e n zum Ausdruck, wo etwa die Summe der Stickstoffatome auf beiden Seiten gleich gross ist. Auch durch komplizierteste Umsetzungen geht in einem «abgeschlossenen System» kein einziges Atom verloren, noch entstehen neue Atome.

Entsprechend verschwindet bei einer S e e l e keine einzige Tendenz, da ohne äussere Beeinflussung sich keine Tendenz zu ändern vermag. Jedoch beobachten Sie eine bunte Reihenfolge im bewussten A u f t a u c h e n unserer Tendenzen, wodurch ein Überblick im Sinne der Selbsterkenntnis sehr erschwert wird. Ausserdem pflegt ein äusserer Anlass zugleich mehrere Tendenzen wachzurufen, da fast jedes Ding und jede Person auf eine Gruppe verschiedener Tendenzen bezogen ist.

Ein zu [71] ANALOGES Gesetz gilt für die E n e r g i e :

> Die Gesamtenergie eines abgeschlossenen
> Systems bleibt erhalten. [72]

Doch ist ein System in der Praxis viel schwieriger energetisch als mechanisch abzuschliessen. So erhält der Erdball ununterbrochen Sonnenstrahlung, von der ein Teil absorbiert wird, und sendet andererseits Tag und Nacht Wärmestrahlung aus. Beide Anteile hängen von der Art der Oberfläche, der Wolkendichte und Zusammensetzung der Atmosphäre ab – ein globales Problem der Umweltverschmutzung.

Wenn wir e l e k t r i s c h e Energie aus der Steckdose beziehen, verschwindet im Kraftwerk ein entsprechender Betrag an Wasser- oder Wärme-Energie, der wiederum aus der Verbrennung von Kohle oder aus der Kernspaltung stammen mag. Auf der anderen Seite v e r w a n d e l n Sie die elektrische Energie zu Hause in recht verschiedene Formen: Antrieb eines Mixers, Schwingungen eines Lautsprechers, Wärme zum Kochen und Heizen, Licht und Bedienung elektronischer Geräte. Was geschieht endlich mit diesen Energieformen? Sie verwandeln sich in Wärme, die sich alsbald in der Umgebung verflüchtigt. So bleibt die Gesamtenergie dieses weitläufigen Systems erhalten.

7.2. Erweiterung durch Atomenergie

Während sich die beiden Gesetze der klassischen Physik so ausdrücken lassen, dass weder Masse (Materie) noch Energie aus nichts entstehen und spurlos wieder verschwinden können, sondern unendliche U m w a n d l u n g e n gestatten, machte die Erforschung der natürlichen Radioaktivität den Weg zu einer Erweiterung frei. Man musste den Glauben an die Unteilbarkeit der Atome aufgeben (Atom heisst unteilbar) und gewann immer tiefere Einblicke in das Innere der Atome. Man lernte ihren winzigen schweren Kern kennen, wo das Wesen der Elemente verborgen liegt. Man schaute in die Abgründe der Atom k e r n energie. Ob es zum Heil oder Unheil der Menschheit geschah, wissen wir noch nicht.

Bei der n a t ü r l i c h e n radioaktiven Umwandlung der schwersten Elemente bis zum Uran unter Aussendung von α-, β- und γ-Strahlen machte man eine überraschende Entdeckung: die Atome in jeder der drei natürlichen Zerfallsreihen sind v o r einer Umwandlung etwas schwerer als n a c h h e r, wenn man die ausgesandten Masseteilchen mit berücksichtigt. Damit war das Gesetz der Massenerhaltung [71] v e r l e t z t. Hier fand *A. Einstein* einen eleganten Ausweg, indem er den M a s s e n v e r l u s t Δm eines bestimmten Atoms in Beziehung zur f r e i gewordenen E n e r g i e ΔE in Form von Strahlung und Erwärmung setzte:

$\Delta E = \Delta m \cdot c^2$	Teilbeträge	ΔE = Energiegewinn	Δm = Massenverlust
$E = m \cdot c^2$	Gesamtbeträge	E = Gesamtenergie	m = Gesamtmasse
		c = Lichtgeschwindigkeit	

Tabelle 5: Energie- und Massenbilanz eines Atoms nach A. Einstein

Wenn Sie sich die Gesamt m a s s e eines Atoms m in viele kleine Schritte Δm = Massenverlust z e r l e g t denken, werden Sie entsprechende Energiebeträge ΔE erhalten, die sich zur Gesamt e n e r g i e E dieses Atoms summieren. Am bekanntesten ist die Formel *Einsteins* $E = m \cdot c^2$ zur Berechnung der Gesamtenergie E aus der Atommasse m mit Hilfe der Lichtgeschwindigkeit c.

Versuchen wir uns eine Vorstellung von der G r ö s s e der A t o m e n e r g i e zu machen! Obwohl im Kernkraftwerk bei der Uranspaltung nur 1‰ der Masse verschwindet und als Wärmeenergie gewonnen wird, ist dieser Betrag noch phantastisch genug. Aus 1g Uranmasse (U 235) wird so viel Energie frei wie bei der Verbrennung von 2000 kg Heizöl. Deshalb können Atomschiffe ohne zu «tanken» öfter die Erde umrunden. Die Kernenergie wird im Reaktor vollständig in Wärme verwandelt, um Wasserdampf zu erzeugen, der – wie in konventionellen Kraftwerken – Turbogeneratoren zwecks Gewinnung elektrischen Stromes antreibt.

Wenn ein Uranatom z e r b r i c h t und ganz fremde Atome entstehen, ist das Uran-Atom gleichsam gestorben. Andererseits stirbt ein älterer Mensch nicht nur aus Krankheitsursachen, sondern weil seine S e e l e der irdischen Verstrickungen m ü d e ist und sich nach B e f r e i u n g aus ihrem Körper-Gefängnis s e h n t. Bei dieser Trennung vom Körper werden in einer reifen Seele grosse seelisch-geistige Kräfte frei, was zur Analogie [73] oben passt:

Sehnsucht der Seele nach Befreiung von der Erde (Tod)	analog	Wärmeerzeugung durch Kernspaltung
Sehnsucht der Seele nach irdischer Geburt		Wärmeerzeugung durch Kernverschmelzung

[73]

Die friedliche Nutzung der Atomenergie durch Kernspaltung fällt mit einer erstaunlichen Wandlung in der Einstellung des modernen Menschen zum T o d e zusammen. Während Rationalismus und Materialismus alle mit dem Tode zusammenhängenden Fragen weitgehend v e r d r ä n g t hatten, erleben wir über das S t e r b e n immer häufiger öffentliche Diskussionen. An dieser Bewusstseinswandlung hat die mutige und vielfach geehrte Sterbeforscherin *Elisabeth Kübler-Ross* einen bedeutenden Anteil.

Genauso hilflos wie der Zivilisierte vor dem Problem des Todes steht er vor der Frage nach der Wiederverkörperung der Seele. So wie die G e b u r t K e h r s e i t e des T o d e s ist, gibt es von der Kern-Spaltung schwerer Atome die Kehrseite der K e r n - V e r s c h m e l z u n g leichter Atome, bei der ebenfalls Energie frei wird. So bezieht unsere Sonne ihren Energiebedarf für die gewaltige Ausstrahlung im wesentlichen aus der Verschmelzung von vier Wasserstoff-Atomen zu einem Helium-Atom. Besser eigenen sich für die Herstellung eines Helium-Atoms durch Fusion zwei Atome vom doppelt so «s c h w e r e n Wasserstoff» (auch Deuterium genannt). Unter 10'000 irdischen Wasserstoff-Atomen befinden sich immerhin zwei Deuterium-Atome. Da sie sich verhältnismässig leicht gewinnen lassen, bieten unsere Weltmeere praktisch einen unerschöpflichen Vorrat dieses «Brennstoffs» zur Kernfusion. Leider gelang den Kernphysikern ein solcher s t a t i o n ä r e r Verschmelzungsprozess trotz intensiven Bemühungen bisher n i c h t . Nur die *instationäre* Fusion wurde als furchtbare Wasserstoff-B o m b e mit einer Uran-Bombe als Zünder von mehreren Staaten realisiert.

Nach der zweiten Zeile von [73] können Sie sich fragen, ob auch in diesem Fall auf Seiten der S e e l e Kräfte freiwerden? Das ist tatsächlich der Fall, weil durch die Einkörperung das V e r l a n g e n der Seele nach den unzähligen Sinneseindrücken und Betätigungsmöglichkeiten g e s t i l l t werden kann. Die Befriedigung dieser Tendenzen-Gruppe, die der *Buddha* als Daseinsdurst bezeichnete, gemäss dem individuellen Karma der Seele wiegt alle Schwierigkeiten und Leiden des Erdenlebens auf.

7.3. Unbegrenzte ätherische Energie

Die Entdeckung und Handhabung der Atomenergie hat esoterische Aspekte, da irdische Materie – wenn auch nur zu einem geringen Bruchteil – v e r s c h w i n d e t und nirgendwo mehr zu finden ist. Andererseits weist die radioaktive Strahlung verschiedener Atomkerne auf höhere Ebenen hin, da sie durch kein chemisches oder biologisches Verfahren beeinflusst oder gar ausgeschaltet werden kann. Die bekannte Formulierung, dass Materie g e f r o r e n e Energie sei, lässt sich genauer so fassen:

> Materie (irdischer Stoff) ist gefrorene ätherische Energie und deshalb verhältnismässig stabil.

Jedoch stösst man in der esoterischen Literatur immer wieder auf Fälle der Dematerialisation und Materialisation und verwandter Erscheinungen.

Seit den revolutionären Entdeckungen der Physik im Jahre 1904 versuchen viele Forscher im In- und Ausland, die ätherische Energie durch entsprechende Wandler (neue elektrische Geräte) einzufangen (21). Schon der geniale kroatische Physiker *Nicola Tesla* (1856–1943) erhielt in dieser Richtung Patente. Es wird von ihm berichtet, dass er einen Kraftwagen auf Elektroantrieb umbaute und den elektrischen Strom nicht aus einer Batterie, sondern durch eine Antenne direkt aus dem Äther bezog. Da diese ätherische Energie das ganze Universum mit dem Erdball und unserem Körper durchdringt, dürfen Sie von unbegrenzter und unerschöpflicher ätherischer Energie sprechen. Das Modell eines «abgeschlossenen Systems», wie wir es im Abschnitt 7.1. kennengelernt haben, ist bezüglich der ätherischen Energie unbrauchbar.

Warum haben sich Erfindungen zur Ausnutzung ätherischer Energie, die man auch «Freie Energie» nennt, noch nicht durchsetzen können? Ihre Anhänger behaupten, dass die Grossindustrie ihre Entwicklung hintertreibe, da ihre Benutzer unabhängig vom öffentlichen Netz würden. Für die bisherigen Misserfolge scheint dem Verfasser die Vernachlässigung p s y c h o l o g i s c h e r   Bedingungen wichtiger zu sein. Dazu einige Stichworte:

1. Die von der Quantenphysik postulierte W e c h s e l - w i r k u n g zwischen Experimentator und beobachtetem Objekt gilt auf ätherischer Ebene allgemein zwischen a l l e n Dingen und Wesen einschliesslich des Menschen.

2. Ausdruck hiervon ist die T e l e p a t h i e , die Sie bereits kennen lernten (S. 21). Sie wirkt unbewusst sogar noch beim Materialisten, doch kann jeder aufgeschlossene Mensch ihre Wirkungen in seiner Umgebung beobachten.

3. Es ist wiederholt vorgekommen, dass ein ätherischer W a n d l e r , der in Gegenwart seiner Erfinder/Erbauer eindeutig Nettoenergie abgab, beim Besuch skeptischer/

kritischer Personen v e r s a g t e . Anstatt in solchen Fällen von Irreführung/Betrug zu sprechen, sollte man daran denken, dass der Mensch durch seine Aura und seine Gedanken unwillkürlich auf alle feinstofflichen Bereiche einwirkt – bei spirituellem Wesen und positiver Einstellung wie ein Katalysator, im andern Falle wie eine Blokkade.

4. Die erste Generation k ä u f l i c h e r ätherischer Wandler zur Erzeugung «kostenloser» elektrischer Energie wird deshalb auf eine kleine Gruppe ätherisch-spirituell entwickelter Persönlichkeiten b e s c h r ä n k t bleiben, bei denen solche Wandler einigermassen zuverlässig arbeiten – ANALOG zu den frühen Radiobastlern, deren Empfang von der geschickten Einstellung ihres Kristall-«Detektors» abhing. Das öffentliche Elektrizitätsnetz wird also noch längere Zeit für die regelmässige Belieferung der Bevölkerung mit elektrischer Energie benötigt.

5. Obwohl die ätherische = «Freie» Energie unbegrenzt ist, muss eine physikalische Grenze beachtet werden. Die aus ätherischer Energie in elektrische Form transformierte Energie verwandelt sich letzthin in Wärmeenergie. Da diese A b f a l l w ä r m e die Temperatur der Erde erhöht, könnte eine spätere Energieverschwendung noch schlimmere Folgen als der heutige Treibhauseffekt durch gewisse Gase haben. – Es zeigt sich hier wiederum, dass die Menschheit nur durch die Entfaltung eines starken Verantwortungs-Bewusstseins für das gesamte irdische Leben auf längere Sicht überleben wird.

7.4. Wirkungsfeld der Seele

Sie haben im Abschnitt 2.3. den Ätherleib als vermittelndes Glied kennengelernt. Wenn sich die Seele ihres irdischen Körpers als Instrument bedient und in ihm mehr oder weniger gut zum A u s d r u c k kommt, so ist das nur dank des Ätherleibs als Vermittler und Transformator möglich. Das folgende S c h e m a verdeutlicht diese Funktion zwischen der Seele und dem irdischen Körper, d.h. zwischen den Tendenzen als allerfeinsten und den irdischen Energien als allergröbsten Formen.

Wenn wir beachten, dass die Astralwesen vom irdischen Zwang zur Nahrungsbeschaffung befreit sind, weil ein Astralleib aus eigenen Bedingungen besteht, brauchen wir uns über eine 1000-fache L e b e n s d a u e r gegenüber der Erde nicht zu wundern. Dazu kommt in den oberen (göttlichen) Astralbereichen, wo sich jeder Wunsch gemäss «Tischlein deck dich» erfüllt, ein weiterer Vorteil: es gibt keine Krankheiten, da hier eine innere und äussere Harmonie herrscht, wie sie auf der Erde schwerlich zu finden ist.

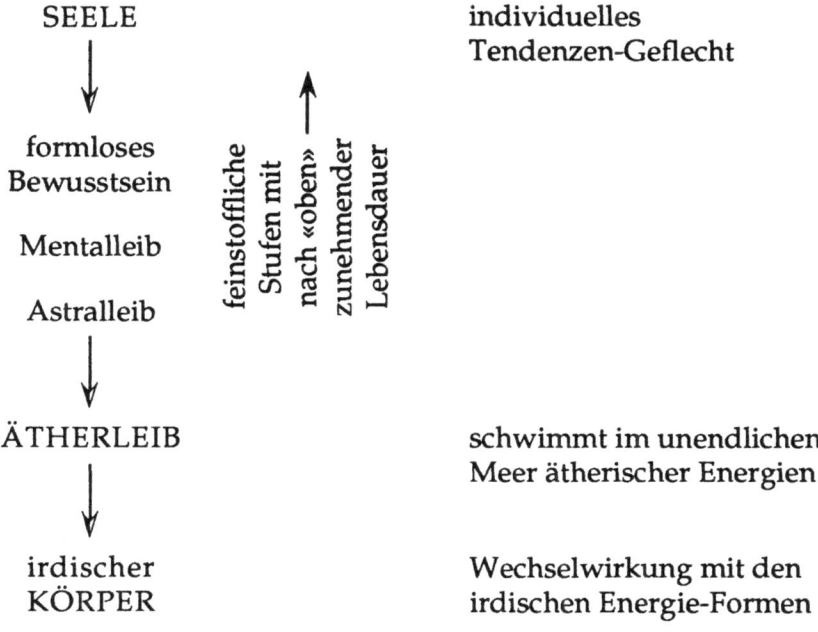

Tabelle 6: Zur esoterischen Struktur des Menschen

Von der Dreier-Gruppe in Tabelle 6 gewinnt die mentale = formhafte Welt einen wachsenden Einfluss auf die heutige Menschheit: die um sich greifenden a b s t r a k t e n Gedankengänge können als mentale Projektionen verstanden werden. Die Unabhängigkeit der Mentalbewohner übertrifft bei weitem die astralen Götter, da diese noch sehr auf den Verkehr mit ihresgleichen angewiesen sind – die grosse Gruppe der sozialen Tendenzen. Dieses Ruhen-in-sich-selbst kommt in der leuchtenden Leiblichkeit der Mentalwesen zum Ausdruck. Wo alles strahlt, fehlt der irdische Wechsel von L i c h t und S c h a t t e n , der auch noch die Astralwelt beherrscht, jedoch mit nach oben abnehmender Intensität.

Mit der Eigenständigkeit der strahlenden Mentalbewohner hängt ihre astronomische L e b e n s d a u e r zusammen, welche die Astralbewohner um das 1000-fache übertreffen mag. Von den Wesen der formlosen Welten heisst es, dass ihnen jegliche Leiblichkeit fehlt und sie in reinem, intensiven Bewusstsein himmlischen Friedens verweilen. Ihre Lebensdauer übertrifft noch einmal unvorstellbar diejenige der Mentalwesen und ist praktisch unendlich, womit wir uns der zeitlosen und unsterblichen Seele nähern. Jedoch betonte der *Buddha*, dass auch dieser höchste mystische Bewusstseins-Zustand in gröbere Bereiche übergehen wird, wenn ihre latenten Tendenzen-Schichten, die gemäss Tabelle 3 auf niedere Welten gerichtet sind, einst wieder aktiv werden.

7.5. Das Gesetz der Tendenzen-Änderung

Bevor Sie sich von der «Unsterblichkeit der Seele» überzeugen können, müssen Sie das Gesetz der Tendenzen-Änderung kennen lernen. Es wäre traurig, wenn wir uns mit dem Tendenzen-Haushalt, so wie er ist, abfinden müssten. Der Standpunkt «dies ist mein Charakter, ich kann nicht anders» scheint allzu bequem zu sein und grenzt an Fatalismus. Tatsächlich finden u n w i l l k ü r l i c h dauernd winzige Tendenzen-Änderungen statt, die sich jedoch der Aufmerksamkeit entziehen.

Als psychologisches Beispiel einer m e r k b a r e n Tendenzenänderung denken Sie an einen frisch Pensionierten, der zwar eifrig seiner Berufsarbeit nachging, aber bald an seinem Hobby = Lieb-haberei eine grössere Befriedigung findet. Während andere mit Wehmut auf ihre verlorene Berufsstellung zurückblicken, ist diese Person froh, der Tretmühle entronnen zu sein. Sie wird bei jeder Gelegenheit, die sie an ihren früheren Beruf erinnert, jene Tätigkeit als «kleine Fische» abtun. Brauchen Sie sich zu wundern, wenn durch solche ständigen V e r n e i n u n g e n die betreffende Neigung immer schwächer wird, bis sie mehr und mehr in Vergessenheit gerät?

Umgekehrt gelingt es bisweilen einer Person, p l a n m ä s s i g aus einer Charakterschwäche, wie Unordentlichkeit, durch Gewöhnung an einen regelmässigen Lebenswandel eine stärkere Tendenz zur Ordnung, d.h. Ordnungsliebe, zu entwickeln. So lässt sich auch der Geschlechtstrieb o h n e Verdrängung sublimieren. Er stellt einerseits einen tierischen Instinkt und eine biologische Programmierung, andererseits eine seelische Eigenschaft und ü b e r w e l t l i c h e E n e r g i e dar. In der Regel müssen bei einer solch tief greifenden Wandlung zwei Werkzeuge eingesetzt werden: die Verneinung hinderlicher und die Bejahung förderlicher Tendenzen.

Wertvolle Vorarbeiten zu unserem Thema «Tendenzen» leistete die T i e f e n psychologie, indem sie nachwies, dass Tendenzen im Unbewussten genauso w i r k s a m wie im bewussten Zustand sein können. Deshalb ähnelt die häufige Verdrängung sozialer, seelischer und geistiger Schwierigkeiten eher einer Flucht als dass sie eine Lösung der Probleme wäre. Die R e i n k a r n a t i o n s -Therapie hat neuerdings sogar gezeigt, dass Erlebnisse und Erfahrungen aus früheren – und nicht nur dem vorhergehenden – Erdenleben in das gegenwärtige herüber reichen.

Es besteht eine bemerkenswerte Analogie zwischen biologischer und karmischer V e r e r b u n g . So wie ein biologisches Merkmal, sei es eine besondere Begabung oder eine

Erbkrankheit, über viele Generationen l a t e n t bleiben kann, ist es entsprechend mit den Tendenzen der Seele: sie mögen während vieler Inkarnationen passiv bleiben, ehe sie in einem irdischen oder höheren Dasein unter günstigen Umständen wieder aktiv werden. Nur in diesem Falle können sie die Bewusstseins-Schwelle überschreiten.

Die gefundenen Eigenschaften von **Tendenzen**, diesen heimlichen bis unheimlichen Energien unseres Inneren, seien in folgenden K e r n s ä t z e n zusammengefasst:

1. Tendenzen sind überweltliche E n e r g i e n .
2. Tendenzen können bei gleich bleibender Stärke beliebig lange u n b e w u s s t bleiben.
3. Tendenzen können nur während ihrer a k t i v e n Phasen bewusst werden.
4. Nur b e w u s s t gewordene Tendenzen können sich in ihrer Stärke und Richtung (Qualität) ä n d e r n .
5. K e i n e Tendenzen-Änderung g e h t jemals v e r l o r e n , kann jedoch wieder aufgehoben werden.
6. Im Laufe vieler Inkarnationen können beliebig s t a r k e T e n d e n z e n und Begabungen bis zum Genie entstehen und wieder gänzlich verschwinden.
7. Je stärker eine Tendenz ist, desto h ä u f i g e r und l ä n g e r wird sie b e w u s s t sein, was die Möglichkeit ihrer Wandlung verbessert.
8. Tendenzen ä n d e r n sich gemäss ihrer positiven oder negativen B e w e r t u n g .

Für eine p l a n m ä s s i g e Tendenzen-Änderung müssen Sie das zugrunde liegende Gesetz beachten, bei dem drei Fälle zu unterscheiden sind:

ausdrückliche Bejahung einer Tendenz	⟶ Verstärkung dieser Tendenz
ausdrückliche Verneinung einer Tendenz	⟶ Schwächung dieser Tendenz bis zu ihrer Auflösung
ausdrückliche Bejahung von Dingen, Personen, Qualitäten	⟶ Entstehung einer entsprechenden neuen Tendenz [74]

Weil dieses psychologische und spirituelle Grundgesetz des Daseins weitgehend in Vergessenheit geraten ist, deshalb steht der Zivilisierte seinem S c h i c k s a l = Schaffsal hilflos gegenüber. Mit der beliebten Erklärung «Zufall» gesteht man ungewollt seine Unwissenheit ein. Dagegen ruft [74] den geistig Strebenden auf, die volle Verantwortung für sein Leben zu tragen und sein Schicksal mutig in die eigenen Hände zu nehmen.

Die häufige W i e d e r h o l u n g eines Gedankens oder einer Tätigkeit bewirkt nicht unbedingt eine Verstärkung der dahinter stehenden Tendenzen. Wenn der sich wiederholende Vorgang a u t o m a t i s c h abläuft und zu einer Gewohnheit wird, verschwindet er in vielen Fällen aus dem Tagesbewusstsein und wird unbewusst – womit die Erhaltung der betreffenden Tendenzen nach ihrer Art und Stärke garantiert ist. Wenn Sie jedoch ein Erlebnis wie den Genuss einer Speise h e r b e i s e h n e n , verstärken Sie diese bestimmte Tendenz, unabhängig davon, ob Sie sie dieses Mal befriedigen können oder nicht.

Besonders klar hat der *Buddha* das Gesetz [74] seinen Anhängern und Mönchen als Werkzeug zu ihrer inneren Wandlung mit den Worten empfohlen:

Was man h ä u f i g b e d e n k t,
dahin n e i g t sich der Sinn.

Hier ist mit «bedenken» kein automatischer Gedankengang gemeint, wie sie zu hunderten in unserm Kopf herumschwirren, sondern eine planmässige innere A n s t r e n g u n g. Sie mag sich auf die Verstärkung einer schon vorhandenen Tendenz (1. Zeile) oder auf die Schaffung einer ganz neuen Tendenz (3. Zeile in [74]) beziehen. In beiden Fällen geht es um N e i g u n g = Tendenz. Zur Schwächung und Auflösung belastender Tendenzen (2. Zeile) empfahl der *Buddha*, sich immer wieder ihre ü b l e n F o l g e n für sich selber und andere vor Augen zu führen. In erster Linie sah der *Buddha* das Herz, die Seele, den Tendenzen-Haushalt eines Menschen und nicht Geburt, Beruf, Ansehen einer Person.

7.6. Unsterblichkeit der individuellen Seele

Wenn Sie unter Seele

Seele = Gesamtheit aller aktiven
Tendenzen eines Wesens   [75]

verstehen, können Sie die Gesetze der Tendenzen leicht auf Ihre Seele als Ganzes übertragen. Wir haben im Titel 4.2. den s t a t i s c h e n Aspekt der Tendenzen durch die Analogie

Beständigkeit   Trägheit
von Tendenzen ANALOG von Massen

untersucht, wodurch eine B r ü c k e zwischen psychologischer und physikalischer Energie geschlagen wird.

Auf physikalischer Ebene glaubt niemand mehr an ein «Perpetuum mobile», d.h. eine Vorrichtung, die unerschöpflich Energie liefert, ohne dass anderswo ein entsprechender Energiebetrag verschwindet. Daraus dürfen, ja müssen wir ANALOGISCH schliessen, dass auch keine Tendenzen aus nichts entstehen können, wie es gemäss dem christlichen Dogma von der Schaffung immer neuer Seelen zwecks irdischer Einkörperung laufend geschehen müsste.

Das Erlernen neuer Kenntnisse, vor allem wenn sie unserem «eingefleischten» Weltbild widersprechen, kostet älteren Menschen eine beträchtliche A n s t r e n g u n g und geraume Z e i t . Eher noch mühsamer gestaltet sich die Änderung unserer Zu- und Abneigungen, Gewohnheiten, Tendenzen. Das erfahren Sie bei sich selber und bei anderen. Wenn das so ist, bleibt aber beim irdischen T o d kaum noch Zeit für eine seelisch-geistige Wandlung.

Handelt es sich auf der anderen Seite um ein l a n g s a m e s Sterben, so fehlen in der Regel Klarheit und Kraft zur Wandlung. Der Tod bietet also schwerlich eine Gelegenheit zu «grossen Taten», selbst wenn der Wunsch zur Wiedergutmachung begangener Fehler vorhanden sein sollte. Wenn sich seelisch-geistig durch den irdischen Tod nichts ändert, was geschieht mit der ungeheuren Tendenzen-Energie unserer Seele? Wir lernten die Tendenzen gemäss

Tendenzen = seelisch-geistige E n e r g i e n ,
die Art, Richtung und Stärke
aller Lebensvorgänge bestimmen [3]

bereits durch viele Beispiele kennen, was auf jeder Daseinsebene Gültigkeit hat. Ihre Seele als überweltlicher Energie-Komplex bleibt vollständig erhalten und sucht sich nach Verlust ihres irdischen Kleides und Sinneswerkzeuges einen feinstofflichen Ersatz, der auch stets zur Verfügung steht.

Analog zum Energieerhaltungsgesetz der Physik [72] kann die Seele durch keine Macht des Universums getötet werden. Durch die häufigen S e l b s t m o r d e wird nur die irdische Hülle zerstört. Doch würde niemand Selbstmord verüben, wenn er die schrecklichen Folgen ahnte. Der Selbstmörder erlebt nämlich im ätherischen Leib immer wieder die inneren und äusseren Umstände seiner Tat. Von dieser Folter wird ein Selbstmörder erst zu dem Zeitpunkt erlöst, wo er bei einem normalen Erdenleben gestorben wäre. Erschütternde Berichte hat der Psychiater *Dr. Karl Wickland* in «Dreissig Jahre unter den Toten» (22) aufgezeichnet.

Da das Dasein der Seele durch keinerlei Gesetz begrenzt ist, wird die Seele mit Recht als u n s t e r b l i c h bezeichnet. Während ein lebenshungriger Abendländer diese Gewissheit freudig annehmen mag, wurde der *Buddha* von vielen seiner Zeitgenossen ängstlich gefragt: Was müssen wir tun, um diesem ewigen Kreislauf der Wiedergeburten zu entrinnen? Der *Buddha* wies ihnen den Weg zur f r e i w i l l i g e n Auflösung der Seele – so wie sie der Verfasser als Tendenzen-Geflecht [75] und überweltlichen Energie-Komplex versteht.

Um die nur ausnahmsweise angestrebte Auflösung der Seele einzusehen, sei das Gesetz der Tendenzen-Änderung [74] mit der *Einstein*'schen Gleichung gemäss Tabelle 5 gekoppelt. Wir haben im vorletzten Abschnitt gesehen, dass beim radioaktiven Zerfall von Atomen ein Massenverlust ($-\Delta m$) auftritt und der entsprechende Energiebetrag ($+\Delta E$) ausgestrahlt wird. Wegen des engen Zusammenhanges zwischen Tendenz und Materie (Masse) gemäss dem Titel 4.2. gilt folgende Analogie:

| Schwächung einer Tendenz durch Verneinung (Bewusstseins-Erweiterung, Befreiung) | analog | $+\Delta E = -\Delta m \cdot c^2$ (Ausstrahlung von Energie, Massenverminderung). | [76] |

Durch diesen psychologischen Prozess innerer L o s l ö - s u n g vermindert sich die Abhängigkeit des geistig Strebenden von seinen Bedürfnissen = Tendenzen. Seine Wahlfreiheit, sein Horizont und Bewusstsein erweitern sich entsprechend. Im Mittelalter bis in die Neuzeit hinein hiess diese Entfaltung innerer Qualitäten der «mystische Pfad», der sich in allen grösseren Kulturen nachweisen lässt. Die Distanzierung und A b w e n d u n g des Mystikers von aller Art Weltlichkeit erfasst nach und nach das ganze Tendenzengeflecht und mündet ein ins N i r w a n a = tendenzen f r e i e r Zustand. Vor ihm schrecken fast alle Seelen als einem «Nichts» zurück.

Diesem Nichts entspricht jedoch wegen der frei gewordenen Energie nach [76] eine Bewusstseins-Erweiterung ins Grenzenlose, eine Schau über alle Zeiten und Räume hinweg. Hierzu bietet die Kernphysik die Analogie:

vollständige Auflösung des Tendenzengeflechts (Nirwana) ANALOG Zerstrahlung von Materie [77]

Die vollständige Zerstrahlung von Materie geschieht am elegantesten durch die entsprechende «Antimaterie»: Atome gleicher Masse, aber entgegengesetzter Ladungsverteilung. Die Antimaterie bildet ein Gleichnis zur «Tendenzen fressenden Tendenz», das ist diejenige Tendenz, die auf die Auflösung aller übrigen Tendenzen gerichtet ist und beim Einmünden des Mystikers im Nirwana ebenfalls verschwindet. Die Zerstrahlung von Materie hatte der geniale *E. Sänger* (18) als Antrieb seiner hypothetischen Photonen-Rakete vorgeschlagen. Mit ihr käme er, im Gegensatz zu allen anderen Antrieben, der Lichtgeschwindigkeit nahe und könnte die nächsten Fixsterne innerhalb eines Menschenlebens erreichen.

Die zu [76] entgegengesetzte Analogie (mit umgekehrten Vorzeichen)

Stärkung einer Tendenz durch Bejahung (Bewusstseins-Verengung, Fesselung) analog $-\Delta E = +\Delta m \cdot c^2$ (Bindung von Energie, Massenerhöhung). [78]

bezeichnet den m a g i s c h e n P f a d , den der Weltmensch beschreitet, indem er sich immer mehr mit der irdischen Materie und den daraus geschaffenen G ü t e r n i d e n t i f i z i e r t . Er wird unwillkürlich gröber und schwerer und sinkt auf der Daseinsleiter unaufhaltsam a b w ä r t s . Sittlicher Verfall, wirtschaftliches Chaos, Atomrüstung, Terrorismus und Umweltzerstörung sind nur Begleiterscheinungen davon.

8. Meditation als mystischer Ausweg der Seele

8.1. Einleitung

Wenn Sie dem Verfasser bis hierher gefolgt sind, haben Sie Ihre Seele, den überweltlichen Energie-Komplex, wiederentdeckt. Für Sie bietet sich die Meditation als willkommenes Mittel, die inneren Schätze für Ihr weltliches u n d geistiges Leben nutzbar zu machen. Hören wir den bekannten katholischen Geistlichen *Klemens Tilmann*, was er als erfahrener Meditationslehrer einleitend in seinem «Übungsbuch zur Meditation» (23) sagt:

> In den Menschen unserer Zeit vollzieht sich ein erstaunlicher Vorgang: S i e v e r l a n g e n n a c h M e - d i t a t i o n . Unabhängig von Weltanschauung und Glaube fühlen sie, dass sie dabei sind, in Anspannung, Lärm und Hast des Lebens ihr Bestes und Eigentliches zu verlieren, in ihrer Tiefe frustriert zu werden, in ihrem Inneren zu veröden. Darum verlangen sie nach Führung in die Tiefe ... (S.9)

> Meditation ist einfach und in gewisser Weise kinderleicht – jedes ungestörte Kind meditiert, etwa bis zum zehnten Lebensjahr. Anderseits fordert sie für alle, die sie wiederfinden und darin reifen wollen, einen langen Weg. (S.17)

Einige der häufigsten Missverständnisse, mit denen ein Abendländer der «Meditation» begegnet, seien zunächst klargestellt. Seit einigen Jahrhunderten versteht man unter «meditieren» das N a c h d e n k e n über ein philosophisch-religiöses Thema. «Rechtes Denken», etwa im Sinne des *Buddha*, stellt einerseits ein notwendiges Werkzeug auf dem langen Weg der Meditation dar. Andererseits müssen wir fähig werden, uns vom Denk z w a n g zu lösen, so wie man eine Schallplatte abstellt. In der Regel identifiziert sich der extravertierte Abendländer mit seinen Gedanken, ist also dieser Automatik ausgeliefert.

Während der Abendländer sich im Durchschnitt leicht auf Dinge der Aussenwelt k o n z e n t r i e r t, hat er grosse Mühe, diese Fähigkeit auf Vorgänge seiner Innenwelt anzuwenden. Sogar bedeutende Meditationsschulen setzen Konzentration fast mit Meditation gleich. Doch wird niemand allein durch starke Konzentration Erlösung erlangen, wie folgende Analogie zeigt:

innere Haltung		Art der Beleuchtung
Konzentration	global	scharfes Lichtbündel eines Scheinwerfers
Zerstreuung		flackernder Schein von Kerzen
Meditation, Achtsamkeit		allseitiges Licht einer grossen Lampe [79]

K o n z e n t r a t i o n bündelt die Aufmerksamkeit als geistige Energie auf ein Detail und lässt alles andere im Dunkeln, während Z e r s t r e u u n g das Gegenteil hiervon bewirkt. Der Weltmensch schwankt zwischen diesen beiden Polen hin und her. Anderseits bedeutet Meditation eine w a c h e Aufmerksamkeit, die alle Gedanken und Gefühle, Wünsche und Willensimpulse o h n e Erregung wahrnimmt, sich mit keiner identifiziert, sondern sie unparteiisch vorbeiziehen lässt. Das ist der Kern der A c h t s a m k e i t, mit der sich sogar Nirwana erreichen lässt.

Da auch Zerstreuung noch A n spannung bedeutet, brauchen wir alle eine regelmässige E n t spannung, die im Schlaf nur teilweise erreicht wird. Doch genügt die leibliche E n t -

s p a n n u n g wie im Autogenen Training keineswegs. Sie muss für die Meditation durch eine seelisch-geistige Entspannung ergänzt werden. Das ist für den faustischen Europäer leichter gesagt als getan. Denn er lebt um zu arbeiten, während der mehr beschauliche Morgenländer arbeitet um zu leben.

In welcher Beziehung stehen G e b e t und Meditation? Das Gebet richtet sich meistens an einen persönlichen Schöpfergott und an andere überirdische Wesenheiten, sei es um Erfüllung eigener Wünsche oder Abwendung von Gefahren. Gebet und Meditation haben die Wendung nach innen gemein, aber ihre Z i e l e sind verschieden. Das erkennen wir an der Forderung grosser Mystiker wie *Meister Eckhart* und *Angelus Silesius:* Gehe über Gott hinaus! In diesem ketzerischen Satz haben sie die dogmatischen Grenzen ihrer Kirche überschritten und das unendliche Gebiet der Meditation betreten.

8.2. Geistige Voraussetzungen der Meditation

Worin besteht der «mystische Ausweg der Seele» aus dem leidvollen und unsicheren irdischen Dasein? Diese Frage hat *Paul Brunton* durch sein Buch «Der W e g n a c h I n n e n» beantwortet. Hiermit wenden Sie sich von der Gestaltung der Aussenwelt ab, die uns zwar materiellen Überfluss, aber auch hohe Scheidungsraten und Selbstmordziffern, Alkoholmissbrauch und Drogenkonsum beschert hat.

Diese i n n e r e Lösung darf nicht mit ä u s s e r e r W e l t f l u c h t verwechselt werden. Kein Kloster garantiert uns die von allen Mystikern geforderte innere Befreiung, die uns andererseits nicht von den in dieser Welt eingegangenen Verpflichtungen entbindet. Schon mancher hat sich aus falsch verstandener Askese neue Schulden aufgeladen. So bleibt die goldene M i t t e eine immer neue Forderung an den wahrhaften Gottsucher.

Die uralte Forderung nach S e l b s t e r k e n n t n i s lässt sich besser in der Welt als in einer Einsiedelei erfüllen, wenn uns die U m w e l t als S p i e g e l unseres eigenen Wesens dient. Noch deutlicher als die «toten Dinge» lassen unsere Mitmenschen durch i h r Verhalten das erkennen, was in u n s e r e m Inneren vorgeht. Wie oft «entdecken wir den Splitter im Auge des Bruders, übersehen aber den Balken im eigenen Auge». Mit diesem Sprichwort wird unsere Neigung zur K r i t i k umschrieben.

Auch wer sich diese Schwäche eingesteht, wird vor dem folgenden psychologischen Gesetz zurückschrecken:

| Kritik an Mitmenschen | ANALOG | eigene Schwächen und Fehler | [80] |

Alles, was Ihnen in der Umgebung besonders a u f f ä l l t und kritische Gedanken hervorruft, beweist e n t s p r e c h e n d e Eigenschaften und Fehler in Ihnen – mögen Ihre Wahrnehmungen objektiv zutreffen oder nicht. Die Resonanz Ihres Unterbewusstseins ist Beweis genug, auch wenn Sie Ihre kritischen Gedanken nicht aussprechen. Ist das nicht eine phantastische Quelle der Selbsterkenntnis? Fast unerschöpflich!

Wir kommen zur A c h t s a m k e i t , die gemäss der dritten Zeile von [79] der allseitigen Beleuchtung durch eine grosse Lampe entspricht. Achtsamkeit bezeichnet einen höheren Grad von W a c h h e i t . Fragt man eine Durchschnittsperson, wann sie besonders wach sei, wird sie wahrscheinlich antworten: wenn ich scharf nachdenke. Das ist die höchste Stufe der Wachheit, die der Homo sapiens im Sinne von

Descartes' «Ich denke, also bin ich» verwirklicht. In dieser geistigen Sackgasse befindet sich die ganze Zivilisation, woraus der Schlamassel auf allen unteren Ebenen gesetzmässig folgt.

Als achtsamer, klar bewusster Mensch haben Sie nicht nur im Alltag einen Vorsprung vor Ihren Zeitgenossen, Sie besitzen auch den S c h l ü s s e l zur endgültigen Befreiung. Deshalb seien einige Hinweise dieser seltenen und kostbaren Gabe erwähnt, mit der das innere Reich von Seele und Geist nach jahrelanger regelmässiger Übung erschlossen wird. Eine zentrale Stellung in der buddhistischen Meditationspraxis nimmt die p a s s i v e Beobachtung des A t e m s ein, wobei der Atem auf keinen Fall beeinflusst werden darf. Die geheimnisvolle Wirkung dieser Übung hängt mit der Grenzstellung unseres Zwerchfelles zwischen Brust- und Bauchgegend in der Leibesmitte zusammen.

Als E i n f ü h r u n g in diese Meditationsmethode können empfohlen werden:

1. Vom deutschen Mönchsgelehrten in Sri Lanka *Nyanaponika:*
«Der einzige Weg, buddhistische Texte zur Geistesschulung in rechter Achtsamkeit» (24).

2. Von *Josef Goldstein* (USA), der östliche Weisheit und Meditationspraxis mit der Klarheit westlichen Denkens und Handelns harmonisch vereint:
«Vipassana-Meditation, die Entfaltung der Bewusstseinsklarheit» (25).

3. Von der Deutschen *Ayya Khema*, die in Sri Lanka ihr erstes Nonnenkloster gründete und als Meditationslehrerin weltweit bekannt ist:
«Buddha ohne Geheimnis, die Lehre für den Alltag» (26), was keine buddhistischen Vorkenntnisse voraussetzt.

8.3. Hauptbewusstseins-Zustände

Da der/die Meditierende ein höheres Bewusstsein anstrebt, sollen die wichtigsten Bewusstseins-Zustände skizziert werden. Unser normaler Schlaf wird jede Nacht von T r ä u m e n unterbrochen, die als Ergänzung des irdisch-wachen Lebens notwendig sind und dem Astralbewusstsein entsprechen. Ebenso häufig dürften Tagträume sein, wenn unser Bewusstsein der harten und leidigen Alltagswelt in Wünsche, Phantasien und Erinnerungen entgleitet. Der seltene T i e f s c h l a f wird nicht mehr von Träumen unterbrochen und gewährt den höchsten Grad der Entspannung und Erholung von Körper und Seele.

Anstatt Wach-Zustand sagen wir besser T a g e s - B e w u s s t s e i n, das an den irdischen Körper gebunden ist. Die von unserm Intellekt verarbeitete Flut von Sinnesmeldungen und das darauf aufgebaute Weltbild ähneln einer schillernden Seifenblase, als deren Zentrum ein Ich erlebt wird. Der Intellekt entspricht dem Weg nach aussen, mag er sich der Astronomie, der Atomphysik oder der Medizin widmen. Dieser Intellekt ist bis heute mit dem Geist (englisch mind) als drittem Faktor verwechselt worden, und von daher stammt das Missverständnis, Nachdenken sei bereits Meditation.

Dem seit dem zweiten Weltkrieg verstärkten Interesse an Meditation verdanken wir eine bedeutende Erweiterung unseres Weltbildes. *Robert Keith Wallace* schlug 1970 in seiner Dissertation einen v i e r t e n Hauptbewusstseins-Zustand vor, der sich gemäss Gehirnwellen-Muster und anderen Körperfunktionen d e u t l i c h von den bekannten Bewusstseinsarten u n t e r s c h e i d e t. Eine Gruppe von TM-Versuchspersonen ermöglichte erstmalig statistisch gesicherte Ergebnisse. Die wichtigsten Messergebnisse haben *H.H. Bloom-*

field u.a. (27) im Vergleich mit Nichtmeditierenden 1976 leicht verständlich zusammengefasst.

Inzwischen hat sich die von *Maharishi Mahesh Yogi* entwickelte Meditationsmethode über den ganzen Globus verbreitet und als Transzendentale Meditation (TM) ein reges Interesse der Wissenschaft und anderer Fachleute gefunden. «T r a n s - z e n d e n t a l» heisst das Tages-Bewusstsein ü b e r - s c h r e i t e n d , und dieser höhere Bewusstseinszustand wird deshalb – im Gegensatz zum Unterbewusstsein – auch als Ü b e r -Bewusstsein bezeichnet, dem das Über-Ich zugeordnet wird. Sie können es auch H i n t e r g r u n d -Bewusstsein nennen, indem Sie sich vorstellen, dass im Hintergrund Ihrer Tagesaktivität ein stiller B e o b a c h t e r alles überwacht – ohne jemals einzugreifen. Sie dürfen ihn als Repräsentanten der A c h t s a m k e i t auffassen. In der Kino-Analogie [44] steht die weisse Leinwand für das transzendentale oder Hintergrund-Bewusstsein. Die weisse L e i n w a n d wird genauso wenig wie der stille Beobachter durch die Tageserlebnisse in Raum und Zeit berührt, die ANALOG sind den auf die Leinwand geworfenen Filmbildern.

Obwohl man im Abendland eine wachsende Tendenz zu östlicher Weisheit beobachtet, bestehen gegenüber der Heilslehre des *Buddha* noch vielfach Vorurteile. Seine einzigartige und vollständige Seelen-Lehre ist leider fast unbekannt geblieben. Der *Buddha* verstand sich selber in erster Linie als S e e l e n - A r z t für seine leidenden Mitmenschen. Als letzte und tiefste Ursache aller Leiden haben wir den Daseinsdurst mit seinen drei Wurzeln: Begehren, Gehässigkeit und Verblendung kennengelernt. An ihrer Minderung als Befleckungen, Vergiftungen und Fesseln der Seele zu arbeiten, gilt in a l l e n Hochreligionen als Erweckung der T u g e n d . Ihre Entfaltung gehört zur grossen Vorbereitungsetappe der Meditation. Nur allzu oft versuchen Menschen, sich um diese mühevolle

Arbeit zu drücken und auf Schleichwegen, wie etwa durch Drogen, zu den süssen Früchten der Meditation zu gelangen.

Der *Buddha* unterscheidet aufgrund seiner eigenen Erfahrung acht höhere Bewusstseinszustände, die meistens mit Schauung oder Entrückung (Ekstase) übersetzt werden. Bereits die erste Schauung erfüllt nicht nur das Gemüt, sondern auch den irdischen K ö r p e r des Meditierenden mit einer solchen Seligkeit, dass die Mystiker vom «Tempel Gottes» sprechen. Ein Gleichnis zum Verhältnis zwischen transzendentalem und Tages-Bewusstsein zeigt [46]. Wer sich für den Buddhismus auch als Psychologie interessiert, sei auf die Einführung in die Gesamtlehre des *Buddha* von *Paul Debes* (7) verwiesen.

9. Zusammenfassung

9.1. Die Seele als Energie-Komplex

Die Kernfrage des menschlichen Daseins lautet: Bedeutet der Zerfall meines irdischen Körpers tatsächlich auch die Vernichtung meines bewussten Daseins? Traumerlebnisse weisen bereits darauf hin, dass unsere Seele u n a b h ä n g i g vom Körper existieren kann.

Versuchen Sie die Fahrpraxis im Auto als Gleichnis/Analogie zur Klärung dieser Kernfrage heranzuziehen. In der kleinen Analogie-Tabelle

Fahrer	ANALOG	Seele
Wagen (Auto)		(irdischer) Körper

sei unter «Seele» die Gesamtheit unseres Fühlens, Denkens und Wollens verstanden wie es im englischen «mind» umfassend zum Ausdruck kommt. Diese Analogie-Tabelle lässt sich folgendermassen lesen:

> Der Fahrer l e n k t seinen Wagen wie die Seele ihren Körper.

> So wie der Fahrer seinen Wagen anhalten und a u s s t e i g e n kann, v e r l ä s s t die Seele ihren Körper im T r a u m .

> So wie sich der Fahrer als F u s s g ä n g e r unabhängiger bewegen kann, erfreut sich die S e e l e vor und nach ihrer Verkörperung einer kaum vorstellbaren F r e i h e i t .

> So wie der Wagen in der G a r a g e ein nutzloses Fahrzeug darstellt, ist der s c h l a f e n d e Körper zu keiner irdischen Tätigkeit zu gebrauchen.

So wie ein Fahrer im Laufe der Jahre eine R e i h e von
W a g e n benutzen kann, beschafft sich die Seele im
Laufe von Jahrhunderten immer n e u e irdische
K ö r p e r.

Während der Wieder-Verkörperung der 4. Abschnitt gewidmet ist, soll zunächst der Energie-Komplex der Seele vom Standpunkt eines Tendenzen-Geflechts untersucht werden.

9.2. Die Seele als Tendenzen-Geflecht

Wir haben gesehen, dass die Seele das b e l e b e n d e Prinzip im Körper ist, was der Verfasser so definiert hat:

> Seele = Gesamtheit aller a k t i v e n Tendenzen eines Lebewesens.

Tendenzen sind g e r i c h t e t e innere Energien, die nicht nur im Körper zum Ausdruck kommen, sondern schon vorher bewusst werden können. Zum Vergleich besitzen Licht- und Wasserstrahl, Wind und Geschoss g e r i c h t e t e Energien, nicht aber die allseitig wirkende Wärme- und Druckenergie.

Um einen ersten Überblick der äusserst vielseitigen seelischen Antriebs-Energien zu gewinnen, seien folgende vier Gruppen genannt:

a) Zustand des G e n e i g t seins

Zu- und Abneigung, Sympathie und Antipathie, Liebe und Hass

b) An einem M a n g e l leiden

Wunsch und Bedürfnis, Sehnsucht und Verlangen, Trieb und Drang

c) S p a n n u n g zwischen innen und aussen
Erwartung und Befürchtung, Hoffnung und Enttäuschung

d) Bewusstes S t r e b e n
Triebfeder und Interesse, Ehrgeiz und Herrschsucht

Es hat sich als zweckmässig erwiesen, alle seelischen Antriebs-Energien als T e n d e n z e n zusammenzufassen:

Tendenzen = seelisch-geistige E n e r g i e n , die Art und Stärke aller Lebensvorgänge bestimmen.

Die vorher genannte R i c h t u n g einer Energie ist in der A r t (Qualität) der bestimmten Lebensvorgänge mit enthalten.

Sie müssen sich vorstellen, dass die Tendenzen einer Seele im Laufe langer Zeiten zu einem kaum entwirrbaren G e f l e c h t zusammengewachsen sind. Hier liegen die Schwierigkeiten einer Psycho-Therapie, welche die Reinkarnations-Therapie durch schrittweise R ü c k f ü h r u n g der Erinnerung über die letzte Geburt des Patienten hinaus in vielen Fällen lösen kann.

9.3. Verkörperung der Seele

Bevor wir uns der Wieder-Verkörperung widmen, lohnt es, die einzelnen Bedingungen der Verkörperung unter die Lupe zu nehmen. Es wird vielfach noch die Auffassung vertreten, das die Biologie/Medizin alle mit der Zeugung zusammen hängenden Fragen gelöst habe. Denken wir an kerngesunde Ehepartner, deren Wunsch nach Kindern sich nicht erfüllt. In diesem Fall hilft auch eine künstliche Befruchtung nur selten, obwohl bei der künstlichen Besamung von Kühen Erfolgsquoten über 60% erzielt werden. Hier lässt die Biologie offenbar den geistigen Aspekt des Menschen ausser acht: nämlich das, was ihn vom nicht individualisierten Tier unterscheidet.

Der *Buddha* betont, dass es d r e i Faktoren für die Zeugung und Empfängnis eines Kindes braucht:

> Die Mutter, wenn sie ihre Zeit hat,
> den Vater
> und den geistigen K e i m ,

womit die ins Dasein drängende S e e l e des Kindes umschrieben wird. Das Kind ist also weder eine biologische Kopie der Eltern, noch ein willkürlicher Schöpfungsakt eines Gottes. Vielmehr gesellt sich eine uralte individuelle Seele zu den Eltern, um eine weitere irdische Verkörperung auf sich zu nehmen. Sollte aber keine Kinderseele bereit sein, sich bei einem bestimmten Ehepaar zu verkörpern, so bleiben dessen Sehnsucht und Bemühungen fruchtlos.

9.4. Wieder-Verkörperung der Seele

Im kleinsten Massstab erleben Sie eine Art Wieder-Verkörperung, wenn Sie morgens e r w a c h e n und Ihr Tagewerk dort wieder aufnehmen, wo Sie es am Abend vorher liegen gelassen hatten. Es sind zwar die vielen, durch den Körper bedingten, «Träume nur Schäume», doch konnte die Traumforschung beweisen, dass die regelmässigen Traumphasen, wenn die Seele den Körper verlassen hat, für unsere Gesundheit unentbehrlich sind.

Dank elektrischem Licht sind wir vom S o n n e n l a u f unabhängiger als frühere Generationen. Haben deshalb Sonnenauf- und -untergänge ihre Anziehungskraft eingebüsst? Wohl kaum, doch welcher Urlauber, der die im Meer versinkende Sonne fotografiert, ist sich dabei bewusst, dass die Sonne im selben Augenblick am Gegenpol aufgeht? Dieser astronomische Zusammenhang gehört zu den K e h r s e i t e n , die einen Vorgang von zwei entgegengesetzten Seiten aus beschreiben – wie die beiden Seiten einer Münze.

Die Kehrseite vom näher liegenden G r e n z ü b e r g a n g zwischen zwei Ländern diene Ihnen als Analogie zur geheimnisvollen Verbindung zwischen Tod und Geburt:

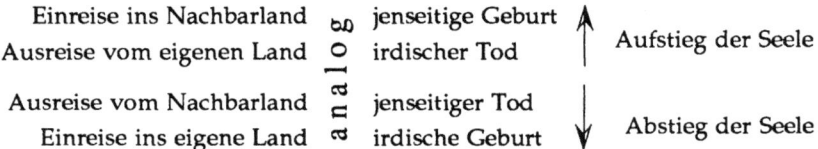

Diese Formel besteht aus zwei verschiedenen Kehrseiten: Das obere Zeilenpaar beschreibt den A u f s t i e g der Seele, nachdem sie sich aus dem irdischen Gefängnis befreit hat (der «Tod»); das untere Zeilenpaar beschreibt genau die entgegengesetzten Vorgänge, wovon die irdische G e b u r t nur die eine Seite der Münze darstellt. Wir sollten bei einer Geburt stets daran denken, dass eine Schwangerschaft vom A b s t i e g einer Seele aus einer feineren Welt begleitet ist.

Geburt und Tod bilden in diesem umfassenden Sinne nur die Kreuzungspunkte der ewigen Seelen-Wanderung durch grobe irdische und wieder feinere Leiblichkeit in anderen Welten: darstellbar durch eine W e l l e n l i n i e , durch die man eine Gerade als Zeitachse legt. Die Länge der Zeitperioden über und unter dieser Achse (Erdenleben, Jenseitsleben, ...) kann ausserordentlich verschieden sein – je nach der Qualität des Tendenzen-Geflechts der Seele und des erreichten geistigen Niveaus.

9.5. Unsterblichkeit der Seele

Vom allgemein anerkannten physikalischen Gesetz der E r h a l t u n g aller E n e r g i e n – mit vielfachen Energie-Umwandlungen – haben Sie auf die Erhaltung der ebenso vielfältigen Tendenzen-Energien der Seele geschlossen. Da der Verfasser unter «Seele» die Gesamtheit aller a k t i v e n Tendenzen eines Wesens versteht, folgt aus der Erhaltung der Tendenzen-Energien bereits die Unsterblichkeit der Seele.

Dieser theoretische Schluss lässt sich durch die A t o m - physik analogisch untermauern. Die folgende Analogie-Tabelle zeigt links die Grundstruktur eines Atoms und rechts allgemein das Tendenzen-Geflecht der Seele mit ihren Verkörperungen – sei es hier auf der Erde oder in einer höheren Welt.

ATOM mit Verbindungen		SEELE mit Verkörperungen
winziger überschwerer K e r n	a n a l o g	Tendenzen-Geflecht (reine Energie o h n e Ausdehnung)
leichte Elektronen h ü l l e (unter 1‰ der Kernmasse)		Kette der Verkörperungen (Ich – Umwelt, Interessen-Sphäre)
Zusammenwirken mit anderen Atomhüllen (chemische Verbindungen)		soziale Beziehungen (Gesellschaft)

Es heisst mit Recht, dass der Mensch ein soziales Wesen sei. In der Gesellschaft treten die individuellen Züge der Personen zu Gunsten der vielfältigen Beziehungen zurück, was Analogien zu chemischen Verbindungen nahelegt. Gemäss der unteren Zeile der Analogie-Formel wirken dabei die Atom-Hüllen zusammen, zwischen denen ein leichter Austausch der Elektronen stattfindet.

Die Elektronen-Hülle verleiht dem Atom seine Ausdehnung, da der Kern-Durchmesser kaum $1/10000$ vom Aussen-Durchmesser beträgt. So wie die Elektronen den Atomkern verhüllen, wirkt andererseits jede Verkörperung wie eine V e r k l e i d u n g der Seele. Die nackte Seele ist als Tendenzen-Geflecht oder als überweltlicher Energie-Komplex u n s i c h t b a r , was analog für den Atomkern gilt. Beide lassen sich nur an ihren Spuren nachweisen. Wenn Sie die radioaktiven Kerne ausser acht lassen, können Sie über beide Seiten der tiefgründigen Analogie sagen:

Sie sind raumlos und zeitlos, d.h. unsterblich.

Nachwort

Der Verfasser hat in diesem Buch nur selten darauf hingewiesen, dass eine Analogie eng/stark oder lose/schwach sei. Während bei Ä h n l i c h k e i t e n offensichtlich beliebig viele G r a d e zwischen äusserst ähnlich und durchaus unähnlich (fremd) bestehen, wurde dieser Gesichtspunkt bei Analogien anderer Autoren weitgehend vernachlässigt. Deshalb verlor die Analogie-Methode gegenüber dem in den Vordergrund rückenden Kausal-Prinzip ihre frühere Bedeutung.

Wenn Sie mit Analogien operieren wollen, sei es zur Bildung längerer Analogie-Ketten oder zur Untersuchung von Untergruppen bis zu höherer Ordnung, kommen Sie jedoch um eine sorgfältige Beachtung der A n a l o g i e - G r a d e nicht herum. Andernfalls bleibt es eine unverbindliche Spielerei. Um dieser Gefahr zu entgehen, hat der Verfasser in seinem 3-bändigen Standardwerk ANALOGIK (im Verlagsverzeichnis) besondere S y m b o l e für 3 Grade der Ähnlichkeit, die gleichzeitig für die Analogie-Beziehung gelten, und für 3 Grade der Unähnlichkeit eingeführt. Mit diesen Symbolen können Sie auf Grund der von de Witt formulierten fünf Analogie-Gesetze übersichtliche Analogie-Formeln niederschreiben.

Literatur

(1) Hinz, Walter: Woher – Wohin. ABZ-Verlag, Zürich 1980

(2) Kübler-Ross, Elisabeth: Was können wir noch tun? Antworten auf Fragen nach Sterben und Tod. Kreuz Verlag Stuttgart, 4. Aufl. 1978

(3) de Witt, Hermann: Standardwerk Analogik Band 1, 2. Auflage, «Zweites Ähnlichkeits- und Analogiegesetz». Analogik Verlag 1989, CH-6045 Meggen/Luzern, Adligenswilerstr. 64

(4) Schrödter, Willy: Heilmagnetismus, Quellen der Gesundheit. Aurum Verlag, Freiburg/Br. 1987

(5) Heyer, G.R.: Der Organismus der Seele. Kindler Verlag GmbH, München 1958

(6) Shermann, H. und Wilkins, Sr H.: Sendestation Mensch, Telepathie auf dem Prüfstand. Ingse Verlag, Zug 1974

(7) Debes, Paul: Meisterung der Existenz nach der Lehre des Buddha. In zwei Bänden herausgegeben vom Buddhistischen Seminar, D-8581 Bindlach 1982

(8) Wilson, R.A.: Die neue Inquisition. Irrationaler Rationalismus und die Zitadelle der Wissenschaft. Verlag 2001, Frankfurt/M 1992

(9) Chatwin, B.: Traumpfade. München, Wien 1990

(10) de Witt, Hermann: Analogik Band 2, «Die Analogie zwischen Person und Nation». Analogik Verlag 1982, CH-6045 Meggen/Luzern, Adligenswilerstr. 64

(11) de Witt, Hermann: Analogik Band 1, «Drittes Ähnlichkeits- und Analogiegesetz». Analogik Verlag 1989, CH-6045 Meggen/Luzern, Adligenswilerstr. 64

(12) Desmond, Shaw: Die Liebe nach dem Tode, ein Blick in die Himmel und Höllen irdischer und überirdischer Liebe. Hermann Bauer Verlag, Freiburg/Br. 1959

(13) Bailey, Alice A.: Esoterisches Heilen. Lucis-Verlag Genf, 2. Aufl. 1973

(14) Swedenborg, Emanuel: Die Wonnen der Weisheit über die eheliche Liebe. Swedenborg Verlag Zürich, Nachdruck von 1891

(15) Norwood, Robin: Wenn Frauen zu sehr lieben. Rowolt Verlag, Reinbek 1986

(16) Capra, Fritjof: Wendezeit, Bausteine für ein neues Weltbild. Scherz Verlag Bern, München, Wien 1982

(17) Wallimann, Silvia: Brücke ins Licht – ein Ratgeber für das Leben und das Leben danach. Verlag Hermann Bauer, Freiburg/Br. 1986

(18) Sänger, Eugen: Raumfahrt – heute, morgen, übermorgen. Econ Verlag Düsseldorf, Wien 1964

(19) de Witt, Hermann: Analogik Band 1 «Die Analogie zwischen Person und Haus». Analogik Verlag 1989, CH-6045 Meggen/Luzern, Adligenswilerstr. 64

(20) Friedrich, Walter: Zwillinge. VEB Deutscher Verlag der Wissenschaften 1983

(21) Tagungsband internationaler Kongress «Freie Energie». Einsiedeln/Schweiz 1989. Zu beziehen durch SAFE, Postfach 402, CH-8840 Einsiedeln.

(22) Wickland, Dr. med. Carl: Dreissig Jahre unter den Toten. Otto Reichl Verlag, Darmstadt 1957

(23) Tilmann, Klemens: Übungsbuch zur Meditation – Stoffe, Anleitungen, Weiterführungen. Benziger Verlag Zürich, Einsiedeln, Köln 1973

(24) Nyanaponika: Der einzige Weg – buddhistische Texte zur Geistesschulung in rechter Achtsamkeit. Verlag Christiani, Konstanz 1970

(25) Goldstein, Josef: Vipassana-Meditation, die Entfaltung der Bewusstseins-Klarheit. Frank Schickler Verlag, Berlin 1978

(26) Khema, Ayya: Buddha ohne Geheimnis, die Lehre für den Alltag. Theseus-Verlag, Zürich 1986

(27) Bloomfield, Harold H. u.a.: Transzendentale Meditation, Lebenskraft aus neuen Quellen. Econ Verlag GmbH, Düsseldorf und Wien 1976

(28) Bauer, Hermann: Wiedergeburt – Du warst schon öfters auf dieser Erde, Du wirst wiederkommen. Universelles Leben, D-97070 Würzburg 1982

(29) Sheldrake, R.: Das Gedächtnis der Natur. Piper Verlag, München 1993

(30) Aus der wachsenden Literatur zur Psycho-Somatik seien folgende Titel genannt:

a) Tepperwein, Kurt:

Die Botschaft Deines Körpers, die «Sprache» der Organe. Carval Verlag, Triesen 1984

b) Tietze, Henry G.:

Entschlüsselte Organsprache, Krankheit als Ausdruck seelischen Leidens. Droemersche Verlagsanstalt Th. Knauer Nachf., München 1987

HERMANN DE WITT stammt aus einer K ü n s t l e r f a m i l i e : Seine Mutter sang und dichtete, sein Vater malte, schrieb und komponierte. Der Verfasser wurde am 28. Mai 1923 in Celle geboren, wo er 1942 das Abitur ablegte. Seine f a u s t i s c h e Neugier nach dem, «was die Welt im Innersten zusammenhält», konnte er bald nach Kriegsende durch ein Physikstudium an der TH Braunschweig befriedigen. Um der Einseitigkeit des Materialismus zu entgehen, widmete sich H. de Witt nebenbei der Graphologie und Astrologie und experimentierte mit Heilmagnetismus und Telepathie.

Nach Abschluss seines Hochschulstudiums mit Wahlfach Aerodynamik konnte der Verfasser seine E r f i n d u n g s g a b e auf dem Gebiet der Tragflügelboote in einer Schweizer Firma entfalten. Seit 1975 bearbeitet de Witt Probleme der A l t e r n a t i v - E n e r g i e n Wind, Wellen, Sonnenstrahlung und Speicherung elektrischer Energie in Form von Druckluft in tiefen Alpenseen.

Höher bewertet Hermann de Witt seine innere Arbeit durch tägliche M e d i t a t i o n , die seinen Alltag seit 45 Jahren mehr und mehr durchdringt. Eine am 3.2.1968 endende Traumserie wurde zur Geburt der Analogik als Wissenschaft. Seine B e r u f u n g dazu fand ihren Niederschlag im 1972 erschienenen 1. Band ANALOGIK. Die Analogik behandelt die q u a l i t a t i v e n Gesetze der Analogien und ihre Anwendungen – so wie es die Physik mit den q u a n t i t a t i v e n Natur-Gesetzen tut. Wegen der Analogien = Entsprechungen zwischen irdisch-physikalischer Energie und der seelisch-geistigen Energie, konnte de Witt seine persönlichen Erfahrungen als «überweltliche Energie der Seele» formulieren und die U n s t e r b l i c h k e i t der Seele nachweisen.

Der Verfasser starb 2012 in Luzern.